**AI를 이기는 힘
편집을 배워라**

이 책은 방일영문화재단의 지원을 받아 저술·출판되었습니다.

25년차 편집기자가 알려주는 편집의 기술

AI를 이기는 힘
편집을 배워라

김형진 지음

W미디어

나를 더 멋지게 만들어주는 편집

"이 장면 편집해 주세요."

TV에서 예능 프로그램을 보다 보면 스스로의 행동이나 말이 마음에 들지 않을 때 출연자들이 '편집'이란 말을 꺼낸다. 프로그램의 흐름상 어색하거나 시청자들에게 보여주고 싶지 않은 대목이 있을 때 제작진을 향해 커트해 달라는 것이다. 그런데 편집이란 표현 속에 '잘라 달라'는 뜻만 있을까. '그 장면을 빼 달라'는 말에는 '내가 좀 더 잘, 좀 더 멋지게 나오게 해달라'는 의미의 요청이 들어있다.

이렇듯 편집이란 단어는 뭔가를 업그레이드하는 개념이다. 어지러운 정보 고속도로에서 갈 곳 잃은 뉴스를 돋보이는 자리로 옮겨주고, 우선순위를 못 잡아 갈팡질팡하는 인생에 '가르마'를 타주는 행위가 바로 편집이다.

이런 편집을 돈 받아가면서 하는 사람들이 있다. 바로 편집기자이다. 편집기자는 언론사에서 기사를 지면에 배치하고, 헤드라인을 뽑아내고, 온라인 플랫폼에 유통시키는 뉴스 업계 종사자를 뜻한다. 원래는 신문을 만드는 일에 국한됐었지만, 사회가 다변화되면서 직능의 영역이 확장됐다. 방송을 보면 영상에 자막을 만들고, 수많은 영상을 정리하고 결합해 완성도 높은 영상물로 만드는 편집기자가 있다. 온라인 언론사에는 사이트와 포털에 서비스되는 기사를 컨트롤하는 편집기자가 일하고 있다.

필자는 그런 편집기자 중의 한 명이다. 방송 일은 아직 못 해봤지만, 신문과 온라인에서 '편집'이란 칼을 가지고 기사를 요리한 경험을 갖고 있다. 2024년 말 인기를 끈 〈흑백요리사〉를 보면 셰프의 세계에선 음식의 재료가 분명히 중요한 역할을 한다. 하지만 맛과 풍미를 좌우하는 것은 셰프의 레시피와 손맛이다. 기사 편집도 마찬가지라고 할 수 있다. 팔이 안으로 굽어서일 수도 있겠지만, 필자도 하고 있는 '편집이란 일'은 언론 기사의 단맛을 더하고 쓴맛을 줄이는 데 기여하는 바가 크다.

필자가 이 책을 쓰겠다고 결심한 것은 편집이 '기사 요리'에만 국한되지 않음을 피부로 느꼈기 때문이다. 다시 말해 편집은 우리 삶의 모든 과정과 밀접한 관련이 있다. 앞으로 보다 자세히 설명하겠지만 편집은 인간과 인간이 만들어내는 세상사와 씨줄·날줄처럼 얽혀 있다. 정리가 필요한 분야가 있다면, 2개 이상으로 나눠질 수 있는 것이 있다면, 이것과 저것이 연결될 수 있다면, 트럼프 카드처럼 섞기가 가능한 것이 있다면, 뭔가 더해서 의미와 재미를 높일 수 있는 영역이 있다면, 반전의 여지가 있는 무언가가 있다면 그런 곳에서 편집은 상상 이상의 위력을 발휘한다.

이 책은 편집의 관점으로 세상을 들여다본 책이다. 인생 자체가 편집의 대상이란 생각으로 세상을 집요하게 바라보려 했다. 책을 읽다 보면 편집의 기술을 알게 됐을 때 내가 마주하는 세상이 얼마나 달라지는지 실감할 것이고, 필자와 같은 '편집 기술자'들이 편집을 깨우치기 위해 무슨 노력을 하면서 어떻게 살고 있는지 엿볼 수 있을 것이다.

사실 편집은 키워드 검색의 시대에서 고전했다. 키워드만 대면 모든 뉴스를 찾을 수 있는 포털의 키워드 검색 앞에서 편집은 기를 펴기 쉽지 않았다. 영원할 것 같던 이런 포털 시대에 돌연 균열을 낸 게 인공지능AI이다. 생성 AI의 출현은 키워드 검색 만능에 물음표를 달며, 검색이 아닌 정리와 편집의 가치를 다시금 일깨워 주고 있다.

정리와 편집은 원래부터 편집기자의 주 종목이었다. AI는 편집기자가 뉴스 가치를 평가하고 제목을 뽑을 때 활용하는 방식으로 뉴스와 정보를 분석해서 이용자의 눈앞에 제시한다. 따라서 편집의 기술을 익히게 되면 뭔가 엄청 복잡할 것 같은 AI의 작동방식에 대해서도 힌트를 얻을 수 있다.

편집을 할 줄 모르는 사람은 늘 다른 사람에게 '편집해 달라'고 요청할 수밖에 없다. 나 자신을 빛나게 하는 편집을 늘 타인에게 부탁할 수는 없지 않은가. 앞으로는 '나 자신을 편집하고 다른 사람도 편집해주는 삶'을 살아보자.

차례

AI 시대, 편집이 해결사

편집을 이야기하기에 앞서, 이슬람 세계의 변곡점이 됐던 16세기 초반의 다비크 전투를 잠시 들여다보자. 맘루크 술탄국과 오스만제국이 이슬람 세계의 패권을 놓고 한판 승부를 벌인 다비크 전투는 종교적 의미에 더해 신기술과 구기술의 격돌이란 의미를 지닌다. 신흥 강자인 오스만이 최신 화약기술을 적극적으로 도입한 데 반해, 막강 몽골로부터 중동을 지켜낸 맘루크는 최정예 기마병이란 기득권을 내려놓지 못해 신기술에 소극적으로 대처했다. 다시 말해 총포를 비겁한 자들이 사용하는 무기라고 여긴 맘루크는 총포부대를 하층민들에게 전담시켰다.

다비크 전투의 결과는 어땠을까? 역사책이 친절하게 알려주듯 맘루크는 오스만에 이슬람의 패권을 넘겨주고 역사의 뒤안길로 사라져 버리게 된다. 전쟁의 관점에서 신기술과 구기술의 격돌을 파헤친 이주희의 〈강제혁신〉이란 책은 맘루크의 오판 뒤에 있던 중요한 사실 하나를 캐치해 보여준다. "모든 새로운 기술은 불완전한 형태로 등장하기 때문에 자신의 기득권을 바로 내려놓을 만한 매력을 처음부터 보여주진 않는다"는 것이다. 화약기술에 맘루크가 아닌 오스만식 대처를 하려면 미래의 변화를 읽어낼 남다른 눈이 필요한 것이다. 이제 시계를 현재로 맞춰보면 그 눈은 생성 AI 이슈에 꼭 필요하다.

AI와 편집, 닮아도 너무 닮아

AI를 빼면 얘깃거리가 없을 정도로 인공지능 열풍이 전 세계를 강타하고 있다. 생성 AI란 기술은 '갑툭튀'처럼 나와 급속도로 유행을 타고 있다. 사람의 손길이 걸쳐있는 모든 분야에서 AI는 가공할 위력을 발휘 중이다.

하지만 이런 AI는 대충은 들어 알고는 있지만 남들에게 설명하라고 하면 말문이 막히는 알쏭달쏭 영역에 속해 있다. 문과 출신인 필자 역시 기술적으로야 워낙 복잡해서 자세히 알 수는 없지만, 한 가지 재밌는 사실을 발견했다. AI의 일하는 방식이 편집과 일맥상통하다는 것이다. 이런저런 루트로 접한 AI의 매커니즘은 편집기자가 일할 때 갖는 태도와 닮아도 너무 닮았다.

필자의 이 같은 깨달음을 확신으로 바꿔준 것은 2024년 6월 한국편집기자협회가 싱가포르에서 주최한 AI 세미나였다. 필자는 협회가 각 회원사 편집 데스크들의 AI 이해도를 높이기 위해 연 세미나에 집행부 자격으로 참가한 덕분에 생성 AI에 대한 여러 가지 정보를 얻을 수 있었다. 당시 강사로 나선 싱가포르 국립대 출신의 AI 전문가 애셀 탕은 AI

로부터 원하는 답을 얻어내는 프롬프트Prompt 팁을 제공했는데, 가장 먼저 "프롬프트의 원리를 잘 알아야 한다"고 충고했다.

프롬프트란 인간이 머신과 일하는 방식이다. 프롬프트의 4요소는 명료함Clarity, 구조Structure, 제약Constraint, 창의성Creativity이다. 그리고 프롬프트에는 장르와 캐릭터, 플롯이 있어야 한다. 세미나 강사는 "생성 AI가 사용자의 질문 목적과 상황을 알 수 있을 때, 알고자 하는 내용의 범위가 명확할 때, 질문이 논리적일 때 사용자가 원하는 내용의 답변이 가능하다"고 말했다. 예를 들면 "사람들이 원하는 것을 알려줘"보다는 "젊은 사람들이 원하는 것을 알려줘"가 낫고, 그냥 "만들어줘"라고 하기보다는 "3개 만들어줘"라고 하는 게 좋다.

사실 편집기자가 이런 느낌으로 일하고 있음을 알고 있기에 강연 내용은 필자의 시선을 강하게 끌었다. 편집기자는 기사 내용을 10자 안팎의 제목으로 압축 혹은 변용하면서 플롯을 만든다. 최대한의 창의성과 명료함을 추구하며, 주제와 부제를 통해 제목의 스토리(플롯)를 만들고, 만든 제목이 소위 뻥튀기나 팩트 왜곡이 아닌지를 살피는 등 제약요소를 체크한다. 또한 기사의 제목은 최대한 구체적으로 뽑아야 한다.

일례로, 한국 경제의 성장을 이끌 첨단산업에서 인력 가뭄 현상이 심하다는 중앙일보 기사를 한번 살펴보자. '선진국과 달리 한국에선 왜 첨단 인재가 부족한가'라는 관점에서 우리 사회의 현상을 진단하는 기사는 '인재가 넘치는 나라들에 비해 한국은 인력 공급을 촉진할 메리트 제공에 소홀하다'는 메시지를 던진다. 일본이나 대만 같은 경우엔 그들의 산업을 살찌울 인재라는 판단이 들면 외국인이라도 바로 비자를 내주는

데 한국에선 한국어 사용 능력, 국내 대학 유학 경력 등을 잣대로 상당히 제한적으로 산업 비자를 허용한다는 것이다. 이런 기사의 제목은 보고서류의 제목에 그쳐선 독자의 눈길을 사로잡을 수 없다. 첨단 인재에 과감하게 문을 여는 외국과 과도하게 소극적인 한국을 대비시키는 제목을 만들어내야 한다. 최소한 〈첨단 인재면 '비자' 주는 일·대만… 한국말 잘해야 주는 한국〉 정도의 구체적인 팩트를 제공해야 이목을 끄는 제목이 될 수 있다.

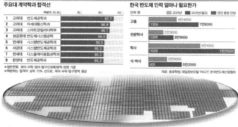

중앙일보 2024년 1월 30일 화요일　　이슈　첨단산업 인력 가뭄　　　3

첨단 인재면 '비자' 주는 일·대만 … 한국말 잘해야 주는 한국
(취업비자)

선진국, 법도 바꿔 인력 모으는데
"한국 첨단산업 무관심 기어할 정도"
전문가 "국가 성장동력 부녀질 판
미래 인재 늘릴 과감한 정책 필요"

▶1면 '인력가뭄'에서 계속

의대 선호 현상에 출생률 하락에 따른 생산가능인구 감소, 고급 인력 해외 유출까지 더해진 결과다. 현장과 연구실 섭렵한 인력은 어미 구하기 어려운 지 오래다. 업계에선 "국내 대형 반도체업체 공정 담당자조차 현장을 잘 몰라 클린룸에 1년에 한 번도 안 들어간다"는 반신도 나온다.

첨단산업이 가파르게 성장하면서 언론는 선진국 대부분이 겪고 있다. 미국 정부가 추진하는 '미국산 반도체' 계획의 최대 걸림돌도 인력난일 정도다. 삼성전자와 반도체 파운드리(위탁생산 시장을 놓고 경쟁하는 대만 TSMC가 미국 애리조나주에 짓고 있는 제조기지는 반도체 인력이 부족해 애초 계획보다 지연되고 있다. 지난해 미국 반도체산업협회(SIA)는 2030년 미국 내

6만7000명의 반도체 인력이 부족하다며 ▶지역 협력 프로그램 지원 확대 ▶공학·엔지니어링 전공 증대 ▶국제 유학생 유치 등을 재안했다. 특히 공학 석·박사 과정 유학생들이 졸업후 미국에 남도록 이민의 문을 더 열자고 주장했다.

각국 정부는 이미 법·제도 개선에 나섰다. 지난해 대만은 세계 500위권 대학을 졸업한 외국인이 대만 반도체 기업 근무를 통과하면 조건 없이 비자를 발급하도록 법을 개정했다. 일본은 세계 100위 내 대학을 졸업한 외국인에게 첨단산업

분야 구직활동을 자유롭게 할 수 있도록 2년짜리 비자를 내준다. 한국도 지난해 1월 첨단산업 전문인력 비자를 신설했지만, 한국어능력시험 점수와 국내 대학 유학 경력을 따지고 정규직 경력만 인정하는 등 경쟁 국가들에 비해 혜택이 뛰어든다는 지적이 나온다.

다구나 한국에선 의사 부족 현상에 따른 의대 증원이 첨단산업 인재 부족 사태를 부채질하고 있다. 정부가 다음 달 최대 2000명 안팎으로 의대 증원 규모를 발표할 것이란 전망이 나오는 가운데, 입시 전문가들은 "서울대 이공계 합격 인원 전부가 의대로 넘어갈 수 있다"고 우려한다. 서울대 공학·자연과학 계열의 지난해 입학 인원(1705명)이 모두 잠재적인 의대 지원자라는 의미다.

이 여파로 반도체 계약학과는 의대 정원 확대 이후부터 학생 모집에 여러 룸을 겪을 수 있다. 이 학과는 '의치한약수'(의대·치대·한의대·약대·수의대)' 인기에는 못 미쳐도, 장학금과 졸업 후 취업을 보장하는 이점이 있어 올해 수시 경쟁률이 3.2대 1(성균관대), 13.5대 1(고려대)에 달했다. 그런데 올해 입시에서 연·고대 반도체 계약학과의 정시 등록 포기율이 각각 130%, 73%에 달했다. 이들이 이렇게 이탈하고도 소신깻 첨단산업의 미래 인재로 나아가는 길을 선택할 수 있는 과감한 정책적 지원이 필요하다.

주요대 계약학과 합격선

		~70	80	90	100
1	고려대 반도체공학과				97.7
2	고려대 차세대통신학과				96.9
3	고려대 스마트모빌리티학부				96.7
4	성균관대 반도체시스템공학				96.9
5	연세대 시스템반도체공학과				96.5
6	서강대 시스템반도체공학				96.3
7	연세대 디스플레이융합공학과				96.3
8	한양대 반도체공학과				96.3

*일반전형, 주로·수학·영어·탐구(2과목)학과 변환 기준
*백분율선는 합격자 상위 70% 선으로, 국어·수학·탐구영역 반영

한국 반도체 인력 얼마나 필요한가

(명(좌):%(우)) ■ 2021년 ■ 2031년(추정) ■ 연간 추가 인원

단위	명		
고졸	1300	8만4000	
			7만8000
전문학사	2만1000		
		3만9000	
			1만7000
학사	1928		22만2000
			13만5000
석·박사	431	2만9000	
		5만2000	

자료: 종로학원, 대입정보포털 '어디가', 한국반도체산업협회

생성 AI의 답변이 질문을 통해 고도화된다는 점도 편집 행위와 닮았다. 생성 AI로부터 원하는 답을 얻으려면 먼저 '내 스타일'로 만드는 게 필요하다. 편집 데스크들을 상대로 강연한 싱가포르 강사는 생성 AI를 두고 "훈련을 시켜야 하는 기계"란 표현을 썼다. "AI는 감정이 없는 머

신이지만 사용자가 어떻게 자신의 스타일을 알려주느냐에 따라 차별화된 답변을 제공해줄 수 있다"는 얘기다. 강사는 "AI와 친숙해지다 보면 AI가 나(사용자)란 캐릭터가 어떤 성향인지, 어떤 식의 답변을 주로 원하는지 알게 된다"고 말했다.

이와 관련해, 최근 서울경제신문 편집부(편집 동아리)에서 재미있는 생성 AI 실험을 했다. 같은 기사를 두고 '인간' 편집기자가 뽑은 제목과 AI가 만들어낸 제목을 비교하는 것이었는데, 실험 결과는 "프롬프트(질문)를 어떻게 고도화하느냐에 따라 AI의 결과물은 천양지차로 달라진다"로 귀결됐다. AI에게 제목을 뽑게 할 경우, 편집기자가 직접 제목을 달 때 하는 방식으로 질문을 업그레이드시켜줘야 한다. 서울경제신문 편집 동아리는 "이 기사를 요약해서 15글자 이내의 제목을 뽑아줘", "이 제목에 의미부여를 해서 다시 15자 이내로 만들어줘", "제목이 심심하니 재미있는 표현을 써서 다시 15자 이내로 뽑아줘"와 같은 방식의 질문 고도화를 거쳐야만 AI가 편집기자에게 근사한 품질의 제목을 만들어줄 수 있다면서 "AI에게 편집을 시키고, 편집기자는 편집 데스크의 역할을 맡는 세상이 곧 올 것"이란 잠정 결론을 내렸다.

사업 보고서나 학술 데이터의 정리를 AI에 의뢰할 때도 동일한 접근법이 유용하다. 해당 자료를 통째로 그냥 AI에게 읽어보라고 한 뒤 질문하면 수준이 떨어지는 답변을 받을 수밖에 없다. 단계적으로 AI를 계속 '생각'하게 만들어야 한다. 자료의 서론 부분을 먼저 분석한 뒤 요약을 시키고, 그 요약된 내용을 사용자의 시선으로 평가해 2차 학습을 시행한 뒤 다시 답변을 요청한다. 본론과 결론 부분까지 같은 방식으로 제2, 제

3의 반복 학습을 거친 뒤 AI에게 궁금한 내용을 프롬프트에 실어 보내면 훨씬 더 양질의 답변을 제공받을 수 있다.

AI 열풍 타고 '정리의 시대' 컴백

사실 AI 열풍이 불기 시작했지만 아직까지 우리는 키워드 검색 세상을 살고 있다. 엄청난 크기의 데이터베이스 안에 정보가 들어있기만 하다면 알고 싶은 키워드를 입력해 손쉽게 꺼내 볼 수 있는 시대이다. 개인적으로도 한 포털사이트에 만들어둔 블로그에 이런저런 정보들을 비공개 저장해 놨다가 필요할 때 바로바로 꺼내 활용하고 있다. 필자는 키워드 검색을 신문편집과 관련된 책을 출간하는데 활용하기도 했는데, 일하다 틈틈이 생각나는 일상의 편린들을 블로그에 메모해둔 게 꽤나 위력을 발휘했다. 어떤 선배가, 무슨 후배가 모임 자리에서 해준 촌철살인의 편집 명언도 기억 속에 넣어 뒀다가 블로그에 슬쩍 옮겨 담았다. 그렇게 모은 자료를 한 3개월 바짝 정리하니 책 한 권이 뚝딱 완성된 기억이 난다.

하지만 '검색'은 빠르게 자신의 영광스러운 자리를 '정리'와 '사색'에 내어줄 것이다. 검색 이전의 시대에 우리는 어떻게 살았던가. 의미 단위의 분류가 핵심 아니었나. 물론 그땐 정보와 데이터를 정리하기 위한 백과사전식의 수고스러운 정리가 불가피했다. 다양한 유형의 정보들을 테마 별로 대분류를 한 뒤, 각각의 파일을 소분류해서 미리 교통정리해 두지 않으면 원할 때 바로 활용할 수가 없었다. 인류는 꽤 오랜 기간 이런 정리의 시대를 지나왔다. 도서관이나 서점, 혹은 가정의 책장도 정치·경제·사회·문화 식의 카테고리 분류가 필수적이었다.

검색의 시대에 비해 편의성은 떨어지지만 이러한 분류 마인드는 인간의 생각하는 기술에도 커다란 영향을 줬다. 책을 한 권 찾는다고 해보자. 제목만 알아서는 드넓은 서고에 갇힌 목표물을 쉽사리 빼올 수 없다. 그 책이 속한 카테고리를 알고, 제목이 가나다 순에서 몇 번째인지를 체크하는 등 탐색 범위를 최대한 좁혀야 미션 완수에 걸리는 시간을 줄일 수 있다. 그래서 인간은 질문을 한다. 점점 구체적인 형태로 질문의 폭을 좁혀야 타깃을 신속 정확하게 맞힐 가능성이 높아지기 때문이다.

이런 정리의 시대가 AI의 도래와 함께 인간 앞에 돌아왔다. 검색의 시대 이전처럼 몸이 고생하는 시스템으로 복귀한 것은 아니지만, 최소한 사고 체계에서는 "다시 정리다!"를 충분히 외칠 만하다. 질문(프롬프트)의 고도화를 통해 AI가 타깃을 찾아낼 확률을 높일 필요가 있기 때문이다. AI를 생각하게 만드는 방법은 정리이고 편집이다. 편집기자가 제목을 만들 때 하는 방식 그대로 AI를 대해야 한다. 검색이 아닌 편집이 AI와 함께 다시 부상하고 있다.

2

삶의 맥락을 잡아라

"편집의 세계에 오신 걸 환영합니다."

당시엔 몰랐지만, 필자가 처음 기자 생활을 시작한 2001년 5월 심장을 쿵쾅쿵쾅 뛰게 한 미스터리한 내면의 소리는 이 말을 하려 했던 것 같다. 그때 필자는 편집기자를 공모한다는 머니투데이의 공고를 보고도 그게 일반인들이 아는 기자의 정체성과 어떻게 다른지 잘 모른 채 그냥 입사 지원을 했었다. '기자가 다 똑같겠지. 취재의 분야만 다를 뿐 하는 일의 성격이나 방식은 매 한 가지 아니겠어?' 이런 나이브한 생각을 품은 채 필기시험장으로 향했던 기억이 난다.

스스로 생각해도 어처구니가 없었던 준비 안 된 취준생을 맞은 건 이상한 시험이었다. 제목을 주고 글을 써보라고 할 줄 알았는데 반대로, 글을 주고 제목을 뽑아보라는 것이었다. 과거시험이 한반도에 뿌리내린 이래로 한국 사회에선 '시제'를 받고 문제(글)를 푸는 방식이 자연스럽다.

그런데 완전히 정반대의 요구를 하니 당황할 수밖에 없었다. '틀을 깨도 적당히 깨야지'라는 생각에 잠시 시험지를 들고 침묵에 잠길 정도였다.

　그렇게 필자의 '편집 생활'은 어수선한 내면 상태에서 시작됐다. 운이 좋게 시험에 합격을 하고 본격적으로 신문 편집기자의 삶을 출발했다. 편집기자의 일상은 우리 사회에서 발생하는 사건·사고와 이벤트 등을 취재해 하나의 기사로 제시하는 취재기자의 그것과는 정반대였다. 일단 근무지가 신문사 편집국으로 한정된다. 세상에서 일어난 일을 현장이 아닌 기사 텍스트로 파악해야 했다. 기사 '하나'를 보면서도 현장에서 발생한 '열'을 알아야 했다. 또한 10개, 100개의 문장으로 된 기사를 읽고 1개의 문장, 아니 한 마디의 말(헤드라인 혹은 제목)로 정리를 해야 했다. 〈어린왕자〉를 쓴 생텍쥐페리는 "완벽함이란 더 이상 보탤 것이 남아 있지 않을 때가 아니라 더 이상 뺄 것이 없을 때 완성된다"고 말했다는데, 그 말이 딱 맞아 떨어지는 직업이 바로 편집기자였다.

　올해로 편집기자로 일한 지 25년이 된다. 이직을 한번 하긴 했지만, 하는 일의 종류가 바뀌지는 않았다. 지금 있는 중앙일보에서는 신문편집뿐 아니라 온라인 편집기자 경험을 5년 좀 안 되게 해보는 행운도 누렸다. 그 덕분에 편집기자의 양대 필드인 오프라인과 온라인을 모두 경험한, 그리 많지 않은 편집기자로 생활하고 있다.

하나를 보면 열을 아는 편집기자

　"편집기자로 일하면 뭐가 좋냐"는 질문을 왕왕 받아왔다. '기자로 일하면 뭐가 좋냐'라는 질문이라면 쉽게 답할 수 있겠지만, 질문 앞에 '편집'이 붙으면 답변이 사실 좀 애매하긴 하다. "세상 돌아가는 일을 최일선에서 접하는 취재기자를 가장 먼저 만나는 존재가 편집기자"라는 답을 해야 하나. 사실 모든 취재기자가 완성이 안 된 '작성 중인 기사'까지도 일단 소속사의 기사 단말기에 올리기 때문에 편집기자는 기사 출고 전의 기사도 미리 읽어볼 수 있다. 즉 기사화하기 전의 기사 메모도 사전에 확인이 가능하다는 말이다. 그러니 '세상 돌아가는 일을 가장 먼저 접할 수 있다'는 답이 그리 틀린 말은 아닐 것이다.

하지만 개인적으로는 편집기자의 최대 매력을 '행간과 맥락을 읽는 눈을 키울 수 있다'는 점에 두고 있다. 앞에서도 잠깐 언급했지만 편집기자는 '하나를 보면 열을 아는' 훈련을 매일 하고 있다. 그러면서 길고 긴 기사 안에서 핵심적인 하나를 잡아내기 위해 분투한다. 글자 자체에 매몰되지 않고 행간과 맥락에 숨겨진 '엑기스'를 뽑는 게 편집기자가 지향해야 할 최대 덕목이다.

최근 등산을 하면서 '엑기스'에 관해 생각해 본 적이 있다. 등산을 즐기는 '산타' 족은 서로 잘 알지 못해도 산에서 마주치는 사람들과 간단히 대화를 나누는 일이 많다. 산에서 낯선 존재를 만났을 때 엄습하는 일종의 불안감을 서로서로 낮춰주려는 암묵적인 규칙 비스름한 것이다. 필자도 살을 좀 빼볼 요량으로 등산을 자주 가는데, 동네에 있는 산이 그리 높지 않기 때문에 한 번 나서면 두 번씩 오르곤 한다. 같은 봉우리를 두 번 오르다 보니 두 번째 등반 때는 이런저런 상념과 공상에 빠지는 일이 많다.

한 번은 산 중턱에서 어떤 분과 간단한 인사를 나누는 사이에 이런 상상이 불현듯 들었다. 상상 속의 등산객을 일단 A와 B라고 호칭해 보자. 정상이 500m인 산의 정상 표지석 앞에서 멋지게 셀카를 찍고 하산하던 A가 등산로를 5분의 4쯤 내려갔을 무렵 땀을 뻘뻘 흘리며 올라오는 B와 마주쳤다.

A : 안녕하세요. 등산 시작하신 지 얼마 안 되셨나 보네요. 벌써 땀으로 완전히 젖으셨네요.

B : 두 번째 오르는 거라 그렇습니다.

A : 그러시군요. 즐거운 산행 되시길 바랍니다.

B : 첫 번째보다는 힘들겠지만 열심히 올라가 보겠습니다. 조심히 내려가세요.

등산로에서 흔히 접할 수 있는 일상적인 대화처럼 읽힌다. 혹시 이 대화에서 어색한 대목을 찾진 못했는가. 대충 보면 서로 웃으며 헤어지는 정상적인 상황 같지만, 들여다보면 A와 B는 서로 딴 얘기를 하고 있다. 왜 그럴까. 비밀은 B가 말한 '두 번째'에 있다. 사실 B는 500m 산을 두 번 연속 오르는 다이어트 운동 중이다. 이미 한번 등산을 한 뒤 입구에서 재차 산에 오르고 있었다. 그러니 하산하는 A에 비해 땀을 더 많이 흘릴 수밖에 없는 상황이다. 반면, 그 사실을 모르는 A는 B가 초보 등산객이라서 많이 힘들어하는 줄로 알았다. '입구에서 기껏 100m 정도밖에 걷지 않았을 텐데 옷이 흠뻑 젖었네'라는 속말을 하고 있었기 때문에, B의 '두 번째'를 '등산이 이번으로 두 번째'로 받아들인 것이다.

만일 이 대화가 기사 내용이라면 편집기자는 이런 행간과 맥락을 읽어내야 한다. "등산 시작하신 지 얼마 안 되셨나 봐요"와 "두 번째입니다"를 기사의 핵심이라고 간주하고 제목 뽑기에 임한다면 배가 산으로 가는 결과를 도출할 가능성이 커지게 된다.

편집의 두 번째 매력 포인트는 정리에 있다. 편집공학소를 운영하는 일본의 편집 연구가 마쓰오카 세이고는 〈지의 편집공학〉에서 "뉴스와 정보는 저마다 돋보이고 싶어 날고뛴다. 편집은 정리다"라고 잘라 말한다. 신문은 폭주하는 정보와 데이터를 일정한 기준에 맞춰 '정리'하는 행위이다. 과거 신문 편집부가 정리부로 불린 것도 이 같은 이유에서일 것이다.

편집이 정리라는 관점에서 또 한 가지 챙겨야 할 것은 '정리에는 일정한 기준이 있어야 한다'는 사실이다. 정리라는 개념에 만고불변의 진리 같은 법칙이 있을 수 없듯이 편집에는 정답이란 게 없다. 따라서 자신만의 기준을 정립해야 한다. '나는 뉴스(정보)를 어떻게 보고 있는가. 이것들을 어떻게 레이아웃해서 독자의 혼란을 줄여주고 궁금증도 해소시킬 것인가.' 이런 잣대를 들이대고 뉴스(정보)를 찬찬히 살피는 존재가 바로 편집기자들이다.

모방·연상·연결로 '편집'하라

편집을 잘하는 사람들은 모방과 연상, 연결의 달인이란 공통분모를 갖고 있다. 편집기자 초년병 시절에 가장 많이 접한 조언 중 하나가 '다른 신문을 많이 읽어라'일 정도로 편집은 '잘 모방하기'를 추구한다. 물론 단순한 답습과 노골적인 베끼기는 안 된다. 자신만의 잣대를 갖고, 기존에 편집된 지면(혹은 기사)을 보면서 자신의 것으로 승화시켜야 한다.

연상은 자유로운 상상력과 밀접한 관련이 있는 편집 테크닉이다. 제목은 기본적으로 기사에서 나오는 것이지만, 기사에만 매몰돼 있는 상태에선 좋은 제목이 도출될 수 없다. 그래서 편집기자들은 기사를 읽으면서 떠오르는 생각들을 메모하는 습관을 갖고 있다. 산토끼의 반대말은 집토끼만이 아니다. 죽은토끼, 얻은토끼, 알칼리토끼 등 꼬리에 꼬리를 무는 연결어들을 연상해내는 능력이 편집기자에겐 필수적이다. 이처럼 연상은 단순한 이미지의 확장을 넘어선다. 눈에 그려지는 것뿐 아니라 소리를 통해 떠오르는 것(동음이의어)도 연상의 큰 축 노릇을 톡톡히 한다.

분량이 좀 길지만 필자가 과거에 썼던 글(나는 왜 걷는가)을 소개한다. 직업이 편집기자인 사람은 '걷기'와 '뛰기'라는 단어를 가지고 이런 연상까지 하면서 논다.

나는 걷는다. 퇴근하면 반자동으로 트레이닝복을 갈아입고 집을 나선다. 주말에는 거짓말 조금 보태 눈 뜨자마자 현관문을 연다. 집 떠나는 게 일상이 된 주된 이유는 쉽게 짐작하는 대로 다이어트다. 하루가 다르게 오장육부를 압박해오는 '배둘레햄'을 더 이상은 좌시할 수 없었다. 일이 많아 피곤하다는 핑계로 주말에 '방콕'만 다녀오고 저녁을 대충 때웠다는 변명 하에 치킨과 족발에 충실했던 삶의 부작용은 상상을 초월했다.

돌아보면 내게도 "다이어트는 뛰어야 제맛"이라던 시절이 있었다. 10여 년 전 한강 쪽에 보금자리를 마련했을 때, 강변 산책로에 매일 땀을 한 보따리씩 헌납한 대가로 '두 달 15kg 감량'의 훈장을 받은 적이 있었다. '뛰면 20분이면 뺄 수 있는 칼로리를 자전거 타면 40분, 걸으면 60분 걸린다'는 말도 있지 않나. 길지 않은 휴식시간을 쪼개서 하는 운동에 많은 시간을 허비할 수는 없었다.

게다가 뛰기는 묘한 쾌감도 컸다. 강을 따라 이어진 산책로에선 같은 방향으로 달리는 자전거를 자주 만날 수 있었다. 바이크족 복장을 제대로 갖춰 입은 '프로 라이더'는 얌전히 보내지만, 자전거 배운지 얼마 안 돼 보이는 '초보 라이더'나 그냥 바람 쐬러 나온 듯한 '어르신 라이더'를 만나면 괜한 호승심에 전력질주를 했다. 그 시절엔 하늘을 배회하는 구름까지 경쟁 상대였다. 운동화끈을 동여매고 두 발에 힘을 주면 구름쯤이야 쉽게 제칠 수 있다는 쓸데없는 자신감이 하늘을 찔렀다. 한국증권거래소에서 주최한 단축 마라톤대회 완주 메달을 집 한쪽에 걸어놓고 틈만 나면 흐뭇한 미소로 바라보던 때도 그 무렵이었다.

하지만 그래서였을 것이다. 온몸이 쑤시고 머리가 지끈지끈. 그 많던 식욕까지 순식간에 사라지게 만드는 근육통이 뜀박질 석 달 만에 불청객처럼 찾아왔다. 하루 이틀 '무릎이 아파요, 피곤해 죽겠어요'를 외친 나는 불과 몇 달 만에 요요의 늪에 빠져버렸다. 뛰기와의 작별은 자연스러운 수순이었다.

사실 다이어트를 위해 뛰기 대신 선택한 걷기도 처음부터 내 몸에 딱 맞지는 않았다. 초기에는 집 근처에 있는 체육공원 트랙을 돌았는데,

다람쥐 쳇바퀴 도는 느낌에 여간 지루하지 않았다. 손가락을 이용해 트랙 회전 횟수를 세다가 손가락을 꼽으면서 시작했는지 펴면서 시작했는지 헷갈려 처음부터 다시 세는 일도 왕왕 발생했다.

그래서 선택한 코스가 인도였다. 내가 사는 수도권 외곽의 신도시는 비교적 보행로와 자전거길이 사방팔방 잘 돼 있는 곳이다. 매번 코스를 달리해 가며 걸었다. 걷다 보면 자전거길이 끊기기도 하지만 전혀 걱정할 일이 아니었다. 사람의 힘이 아닌 자연의 섭리에 기대면 이쪽 인도와 저쪽 인도 사이의 풀숲길이 보이고, 도랑 가운데 징검다리가 눈에 띈다. 그렇게 막힌 길을 은근슬쩍 넘어가는 지혜를 채워가며 자연스럽게 새로운 걷기 코스를 고안해 냈다.

걷기를 즐겁게 만들어주는 또 다른 방법은 눈앞의 풍경과 해외여행에서 접한 광경을 매칭시키는 것이다. "의미와 즐거움 모두에서 최고의 스코어를 보여주는 것은 여행"이라는 말을 들은 적이 있다. 아파트 두 블록 앞 작은 다리를 걸으며 입이 귀에 걸린 신혼부부가 인상적이었던 프라하의 카를교를 떠올리고, 동洞과 동을 잇는 제법 큰 다리에서 자전거족을 만날 때 자전거 횡단을 했던 샌프란시스코의 금문교를 머릿속에 그리면 입가에 미소가 절로 번진다. 땀 범벅이 된 채로 만난 시외 공원의 잔디 섞인 흙길은 또 어떤가. 중국에서 꼭 봐야 할 비경이라는 황룡 오채지五彩池의 해발 4200m 산책길이라고 생각하면 거짓말처럼 다리에 힘이 생긴다.

걷다가 쫓아버릴 수 없는 잡념은 없다고 한다. 하염없이 걷다 보면 세상에 대한 긴장과 염려는 이내 안드로메다로 가고, 자연의 보폭에 맞춘

두 발은 몸이 내는 숨소리에 맞춰 흥겹게 춤을 춘다.

또한 걷기에는 음악처럼 쉼표가 있다. 가끔씩 보행로에 2분 쉼표, 4분 쉼표를 그리고 주변을 돌아보면 꽃잎의 바뀐 색깔에서 계절을 읽고, 놀이터 아이들의 깨알 함성에서 희망의 노래를 들을 수 있다.

재밌는 사실은 걷기가 또 다른 걷기를 낳는다는 것이다. 대표적인 게 산책길 동반자인 아내의 꾐에 빠져 시작한 '빨래 걷기'다. 걷기의 매력에 빠져 세상에 대한 무장을 너무 해제한 탓인지 "세탁기 돌려 널어놓는 것까지는 내가 할 테니, 개 주기만 할래?"라는 제안에 "할게"라고 덥석 말해버렸다. 하지만 그 덕에 좀 귀찮더라도 양말을 뒤집어 벗어놓지 말아야겠다는 깨달음을 얻게 됐다. 갠 빨래를 아들의 침대 밑 서랍에 '배달'하면서 슬쩍슬쩍 요새 무슨 책을 읽는지 체크해 보는 재미도 쏠쏠하다.

또 하나의 확장은 '커튼 걷기'다. 언젠가부터 아침마다 커튼을 걷고 거실 창문을 환히 밝히는 일은 내 몫이 되었다. 온 천지를 밝히는 태양 너머에도 우주가 있음을 느끼며 '원하는 대학을 내 힘으로 갔다'는 우쭐함에서 출발한 앞뒤 없는 자신감의 커튼도 걷는다. 뛰면 무릎이 아프고 온몸이 쑤신다는 사실을 인정하듯 내 인생의 최종 주관자가 내가 아님을 고백하면서 겸손한 삶을 살자는 주문을 외운다.

'집 나간 무릎'이 돌아올 리 없으니 나는 이제 결단코 뛰지 못할 것이다. 어디 그 뜀뿐이랴. 젊은 날처럼 사소한 연애감정에 가슴이 뛰지도, 주말을 반납하고 '투잡'을 뛰지도, 그냥 하기 싫다는 이유로 할 일을 건너뛰지도 못한다. 젊음이 꺾이면서 체력적으로 힘들고 어른이란 무게감에도 눌린 나는 다만 걸을 뿐이다. '이 대신 잇몸'의 심정이지만, 뛸 때 미처 못 봤던 꽃도 보고 바람도 느끼며 사니까 좋다. 예전엔 나를 빠르게 치고 지나가던 세상이 이젠 그저 흘러간다. 한 움큼 바람을 잡으려 하지 않고 스스로를 비워 대기의 기운과 공명한다. 그래서 나는 오늘도 내게 주어진 길을 걷는다.

어떤가. '길을 걷다'는 '빨래 걷다'와 '커튼 걷다'로, '길을 뛰다'는 '가슴 뛰다'와 '투잡 뛰다', '건너뛰다'로 확장 가능하다. 눈치 빠른 독자는 캐치를 했겠지만 이 글엔 이미지 연상의 사례도 있다. 아파트 앞 작은 다리를 보면 프라하의 카를교가 떠오르고, 다리 위 자전거족이 금문교를 연상시키고, 잔디 섞인 공원 흙길에서 머릿속으로 중국 황룡 오채지를 보게 하는 게 바로 편집이 가진 힘이다.

한국편집기자협회가 시상하는 '이달의 편집상' 선정작 중에 강원도민일보의 〈사먹는 게 두렵다〉란 제목이 있다. 한 라인에 있는 제목만 쭉 읽으면 '사는 게 두렵다'인데, '먹'이란 글자를 제목 중간에 끼워 넣어 새로운 의미를 부여했다. 해당 기사는 경제 불황 속에서 물가 상승이 동시에 발생하는 스태그플레이션의 실태를 고발한다. 한국의 물가 상승률은 OECD 평균을 넘어섰다. 치솟는 물가는 내수 심리를 위축시켜 경기 부진을 심화시킬 것이다. '사먹는 게 두려운 세상'과 '사는 게 두려운 세상'은 연결돼 있다. 이러한 경제 악순환을 단 일곱 글자의 제목으로 압축해 낸 편집기자의 재치에 필자는 무릎을 칠 수밖에 없었던 기억이 난다.

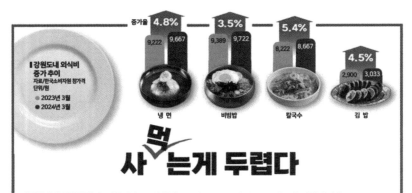

　　필자 역시 편집기자로 일하며 같은 발음의 낱말이 갖는 다양한 의미를 제목 뽑기에 활용한 적이 많다. '끊다'라는 동사를 보면 어떤 생각이 드는가. '끊다'는 주로 '연결돼 있는 것을 분리시키기'라는 의미로 쓰이지만, 티켓을 발급받을 때도 활용된다. 여러 장을 인쇄해 놨다가 하나씩 절단해서 배포하기 때문에 이런 표현을 쓰는 것 같다. 최근 '뮤지컬 티켓값이 천정부지로 뛰어 뮤지컬 마니아(회전문 관객)조차도 표를 사기가 겁난다'는 내용의 기사를 접했는데, 이 내용을 편집하면서 연상의 기술을 활용해 봤다. '요즘 한 장에 20만원인 뮤지컬 표를 끊어야 하는 사람은 어떤 생각들을 할까'라고 한번 따져본 것이다. '표를 끊다'는 어떤 '끊다'와 연결지을 수 있을까. '끊다'를 어떻게 연장시키면 제목의 효과를 극대화할 수 있는 표현을 얻을 수 있을까. 이런 질문을 머릿속에 계속 던져 올린 필자가 최종적으로 얻은 결론은 〈표를 끊어야 하나, 뮤지컬을 끊어야 하나〉였다.

표를 끊어야 하나, 뮤지컬을 끊어야 하나

편집을 잘하는 이들의 세 번째 공통분모는 '연결을 통한 제목의 확장성'이다. 포털사이트 등에서 접하는 온라인 제목은 통상 한 줄로 끝나는 경우가 많지만, 신문에선 한 기사에 여러 줄의 제목이 달린다. 신문편집의 경우 주제목과 부제목이 자연스럽게 연결되지 않으면 아무리 주제목을 멋지게 달아놔도 2% 부족한 제목이 되고 만다.

사실 이 같은 편집의 핵심은 편집 일을 갓 시작한 무렵 마쓰오카의 〈지식의 편집〉 책에서 배웠다. 그는 "편집을 알고 싶으면 어린이에게 배우라"면서 "사람이라면 누구나 다 어릴 적에 편집을 경험한 적이 있다"고 단언했다. 우리가 유년시절에 무슨 놀이를 하면서 시간을 보냈는가. 마쓰오카는 모든 어린이의 놀이가 '~놀이'와 '끝말잇기', '보물찾기' 유형에서 벗어나지 않는다고 분석한다. 여기서 '~놀이'란 '소꿉놀이', '병정놀이', '직장인놀이', '동물놀이' 등을 말하고, '끝말잇기'는 '수도 이름 말하기'나 '동물 이름 말하기' 등을 넘어 '귓속말 게임' 같은 것도 포함하는 개념이다. 마지막으로 '보물찾기'는 '숨바꼭질'과도 맥이 닿은 놀이 유형이다.

한번 곰곰이 생각해 보자. 가만히 보면 '~놀이'를 관통하는 콘셉트는 '모방'이며, '끝말잇기'는 연상이고, '보물찾기'는 연결 아닌가. 학교 마치면 책가방 던져 놓고 해 떨어지는지도 모른 채 놀던 시절을 떠올려 보면, 우리는 의식하지도 못한 채 매일 '편집'을 하고 있었던 것이다.

모방과 연상, 연결의 편집은 편집자마다 각기 다른 '개성 편집'을 낳는다. 언론사에서 일하는 편집기자들은 지면(혹은 온라인)에 본인의 이름이 나가지 않는다. 하지만 편집 업계에서 이름 좀 날린다는 편집기자들의 지면엔 '그들만의 편집 스타일'이 묻어있다. 브랜드명을 가려도 알아

볼 수 있는 제품이 명품이듯 이름이 없어도 한눈에 알 수 있는 편집이 명품 편집이다. 이것을 증명하기 위해 그들은 오늘도 열심히 편집 지면을 만들고 있다.

3

정답은 없다, 콘셉트가 있다

필자가 일하는 날에는 편집기자로, 쉬는 날에는 '베이스볼 대디'로 살아온 지 대충 10년 정도가 지났다. 리틀 야구단에서 야구를 시작한 아들이 좀체 방망이를 손에서 놓지 않더니, 중학교와 고등학교를 야구 특기생으로 진학한 뒤 프로야구단까지 들어가 버렸기 때문이다.

아들이 야구를 하기 때문에 야구와 관련된 책과 영화 등을 찾아서 보는 습관이 들었다. 그 중에서 〈배터리〉란 일본의 야구영화가 기억에 남는다. 이 작품은 천재 투수가 자신을 믿어주는 포수를 만나 잠재력을 무한히 발휘하는 성장소설류의 스토리를 갖고 있다. 베이스볼 대디 입장에서 내용도 흥미로웠지만, 순간순간 나오는 촌철살인의 멘트들이 귀와 가슴에 팍팍 꽂히는 영화였다. "당신의 야구는 무엇인가"도 그 중 하나였는데, "당신에게 야구는 무엇인가" 식의 일반적인 질문이 아니어서 강하게 뇌리에 박혔던 기억이 난다.

〈배터리〉 영화가 준 인상은 필자의 편집 생활에도 영향을 줬다. 제목을 뽑는다는 것은 '내가 느끼는 편집'과 '네가 느끼는 편집', '그가 느끼는 편집'을 다 모아놓고 공통점을 찾는 게 아니다. 거두절미한 채 대놓고 '나의 편집은 무엇인가'라는 질문을 스스로에게 던져야 한다. '일 더하기 일은 이' 같은 정답이 없는 게 기사의 편집이고, 인생의 편집이다. 앞에서도 언급했지만 자신만의 해법, 즉 나의 편집을 찾아야 한다. 나만의 편집과 내 편집 철학, 내 편집 스타일을 확립시켜 나만의 브랜드로 확장시켜야 한다.

직구 던지는 편집, 변화구 던지는 편집

야구 얘기를 좀 더 해본다. 서당 개 3년이면 풍월을 읊는다고 했던가. 모든 휴가를 아들의 야구단 일정에 쏟아부으며 이 경기장 저 경기장 따라다니며 '다이아몬드의 매력'에 젖다 보니 필자도 어느새 야구로 웬만한 '썰'은 풀 수 있는 경지 아닌 경지에 이르러 버렸다.

야구선수들의 스타일은 제각각이다. 필자의 아들처럼 볼삼비(포볼과 삼진 비율)가 좋은 콘택트 위주의 타자가 있는가 하면, '모 아니면 도' 식으로 홈런을 노리는 장타자 유형도 있다. 투수 쪽을 봐도, 상대 타자를 힘으로 윽박지르는 파이어볼러 사이에서 타자를 살살 약 올리며 헛스윙을 유도하는 제구파들이 실력을 뽐내고 있다.

그런데 가만히 보면 편집(제목)에도 스타일이 있다. 직구(팩트의 힘)와 변화구(편집의 기교)가 존재한다. 볼 배합을 잘 해야 한다. 상대 타자를 삼진으로 처리할지, 땅볼을 유도해서 잡을지 목표를 세운 뒤에 정확한 지점에 공을 뿌려 넣어야 한다. 이때 중요한 것이 편집 스타일인데, 핵심 포인트는 제목의 콘셉트를 잘 잡아야 한다는 사실이다.

'콘셉트 제목'은 신문이든 포털이든 플랫폼과 상관없이 통하는 전략이다. 필자가 신문 편집기자로 18년을 일하다가 온라인 편집 분야로 옮긴 초기엔 신문과 온라인은 다른 분야이니 편집 스타일도 다를 것이란 선입견에 사로잡혀 있었다. 신문 쪽에 있을 때 '온라인 제목은 묵직한 신문에 비해 격이 좀 떨어지고, 신문처럼 팩트가 아닌 가십 위주의 제목을 선호하며, 명쾌한 분석보다는 낚시성 제목이 위력을 발휘하는 경향이 크다'는 생각을 많이 했다. 그래서인지 제목 문법이 서로 다른데 온라인에서 잘 할 수 있을까 하는 두려움과 걱정이 컸던 것이 사실이었다.

이런 선입견을 배제한 채 분석해 봐도 신문과 온라인의 편집에는 다른 부분이 분명히 있다. 독자 입장에서 보면 차이가 선명하다. 신문 독자와 온라인 독자는 상황과 입장, 마음가짐이 다르다. 신문 독자는 뉴스를 읽어보려고 소매를 걷어붙인 상태라고 할 수 있다. 가장 큰 뉴스들을 먼저 보고, 정치-사회-국제-문화 등으로 읽을 마음의 준비가 돼 있다. 이 말은 팩트 제목, 정보성 제목, 위트 있는 제목이 잘 편집돼 있기만 해도 독자들의 이탈을 막을 수 있다는 소리이다. 하지만 온라인 사이트는 제목들이 각개전투를 벌이는 곳이다. 단 한 줄의 힘으로 독자의 시선을 사로잡아야 한다. 따라서 각각의 제목이 모두 흥미 요인을 갖추고 있어야 한다.

당신의 제목에 콘셉트를 넣어라

온라인 편집에서 흥미 요인을 갖추는 가장 손쉬운 방법은 제목의 콘셉트를 확보하는 것이다. '이 기사는 한 마디로 뭐다'를 보여주는 것이 콘셉트이다. 잘 뽑힌 온라인 제목은 대부분 '팩트+콘셉트=임팩트'의 공식을 따른다. 편집기자는 처리해야 할 팩트가 어느 정도의 파괴력을 갖고 있는지 판단한 뒤 기사의 맥락과 의미를 담은 콘셉트를 팩트에 가미시킨다. 즉 팩트와 콘셉트를 합쳐 100%의 임팩트를 만들려고 한다. 콘셉트를 만든다는 것은 팩트의 비중을 계산한 뒤 나머지를 채우는 과정이라고 할 수 있다.

이 같은 콘셉트 제목은 신문에서도 위력적이다. 신문 제목은 주제목과 부제목으로 구성돼 있지만, 최근 추세는 부제를 줄이고 큰 제목 한 줄로 중요한 메시지를 전하려 한다. 언론사별로 상황이 조금씩 다르긴 하지만, 전반적인 편집인력 감소 풍토 속에서 기사 제목에도 원소스 멀티유즈(하나의 기사를 다양한 플랫폼에서 활용하기) 경향이 강화되고 있기 때문이다.

조선일보에서 〈정신교육 교재에 "독도는 영토분쟁 중"… 정신 나간 국방부〉란 제목을 본 적이 있다. 그 제목을 읽으며, '팩트+콘셉트=임팩트'의 공식이 바로 떠올랐다. 국방부 정신교육 교재 제목을 뽑은 편집기자는 '국방부 정신교육 교재에 "독도는 영토분쟁 중"이란 표현이 있다'는 팩트에 '정신 나간'이란 콘셉트를 담아 직구와 변화구를 동시에 구사하는 임팩트 있는 제목을 만들어냈다. 제목은, 특히 온라인 제목은 팩트에만 너무 무게를 둬선 안 된다. 기사를 요약하는데 그치지 말고 콘셉트를 통한 임팩트 높이기에 좀 더 머리를 써야 한다.

정치 > 외교·국방

정신교육 교재에 "독도는 영토분쟁 중"… 정신 나간 국방부

軍 교육 자료 논란… "전량 회수"

노석조 기자
업데이트 2023.12.29. 06:21 ∨

독도를 '영토 분쟁' 지역으로 기술한 국방부 정신전력교육 기본교재/뉴스1

국방부가 5년 만에 개편해 이달 말 전군에 배포하는 '정신전력교육 기본교재'에 우리 고유 영토인 독도를 '영토 분쟁 지역'으로 기술한 것이 28일 드러났다. 교재에 수록된 다

기사와 이미지(사진), 제목을 독자에게 한눈에 보여줄 수 있는 신문에서는 온라인보다 훨씬 짧은 콘셉트 제목을 만들 수 있다. 일례로, 경기도 수원시에 소재한 중부일보에서 본 〈이 배지 무게 잊었나〉란 제목은 겨우 여덟 글자뿐이다. 경기 지역의 풀뿌리 민주주의 근간인 기초의회의 파행을 지적하는 해당 기사는 집단 삭발과 본회의장 폐쇄, 몸싸움과 금품수수가 난무하는 기초의회 의원들의 행태를 고발한다. 한심한 기초의원들을 질책하는 콘셉트를 표방한 제목에 더 이상 다른 무슨 표현이 필요할까. 해당 지면은 레이아웃도 훌륭하다. 배지를 두 쪽으로 쪼개 양

편에 놓고, 그 사이에 기사를 흘려 배지가 실제보다 더 무거운 것 같다는 착시를 유발한다.

이런 임팩트 편집은 언론 기사 이외의 글쓰기에서도 활용 가치가 높다. 어린 시절 의무감에 썼던 방학 일기와 수행평가 때문에 내는 중고등 학생들의 각종 보고서, 대학생들의 졸업 논문과 직장인들의 매출 보고서 제목에서 임팩트를 발견한 적이 있는가. '친구와 하루 종일 놀았다'는 일기 제목과 '매미 관찰을 통해 깨달은 사실'이란 보고서 제목은 왜 내용을 읽어야겠다는 생각이 들게 하지 않을까. '온라인 환경의 변화에 따른 언론 기사의 변화'와 '비용 절감이 주는 순이익 증대 효과' 같은 제목은 또 어떤가. 이런 식의 타이틀이 보다 큰 임팩트를 가지려면 어떤 편집 전략을 써야 할까.

광고 카피 달인들의 편집 힌트

편집기자와 함께 창의적인 제목뽑기 세상을 양분하고 있는 카피라이터들의 일하는 방식을 엿보면 편집과 관련된 일단의 힌트를 얻을 수 있다. 먼저, 아래 글을 읽어보자.

> 손에는 연필 하나 쥐고 있다. 몇 장의 '브리프'를 받는다. 눈으로는 '브리프'를 따라가며 내 손이 일할 순간을 기다린다. 순간순간 머리에 떠오르는 것을 하나도 놓치지 않고 '브리프'의 여백에 빠른 속도로 적어 나간다. 내가 이 '제품'과 처음 만나는 순간 밀려드는 생각이 가장 중요하다고 믿기 때문이다. 내가 가장 먼저 한 생각을 '소비자'도 가장 먼저 하게 될 것이기 때문이다. 또 다시 '브리프'를 정독한다. '브리프' 여백에 저장해 온 생각들을 하나하나 꺼내어 만져본다. 벽을 만난 듯 아이디어가 꽉 막힐 때에는 죽은 자식들(전에 썼는데 '광고주'의 선택을 받지 못한 카피들)을 만지작거린다. 그러면 누워 있던 시체가 눈을 뜨고 벌떡 일어나는 기적 몇 개는 틀림없이 건질 수 있다. 역시 메모다.

이 글은 유명 카피라이터인 정철 씨의 책에서 인용했다. 이제 작은 따옴표로 표시한 '브리프', '제품', '소비자', '광고주'를 '기사', '취재기자 최초 제목', '독자', '편집부장'으로 바꿔서 읽어보자.

손에는 연필 하나 쥐고 있다. 몇 장의 '기사'를 받는다. 눈으로는 '기사'를 따라가며 내 손이 일할 순간을 기다린다. 순간순간 머리에 떠오르는 것을 하나도 놓치지 않고 '기사'의 여백에 빠른 속도로 적어 나간다. 내가 이 '취재기자 최초 제목'과 처음 만나는 순간 밀려드는 생각이 가장 중요하다고 믿기 때문이다. 내가 가장 먼저 한 생각을 '독자'도 가장 먼저 하게 될 것이기 때문이다. 또 다시 '기사'를 정독한다. '기사' 여백에 저장해 온 생각들을 하나하나 꺼내어 만져본다. 벽을 만난 듯 아이디어가 꽉 막힐 때에는 죽은 자식들(전에 썼는데 '편집부장'의 선택을 받지 못한 카피들)을 만지작거린다. 그러면 누워 있던 시체가 눈을 뜨고 벌떡 일어나는 기적 몇 개는 틀림없이 건질 수 있다. 역시 메모다.

광고의 카피를 뽑는 '제목 달인들'은 기사의 헤드라인을 뽑는 '제목 달인들'과 일하는 방식, 즉 생각하는 방식이 유사하다. 양자가 보여주는 창의성의 원천은 메모이다. 처음에 끄적거린 메모에 대개 원하는 답이 있게 마련이다. 상당수의 좋은 결과물이 첫 느낌에서 온다는 것은 기사 제목이나 광고 카피나 매한가지이다. 그리고 그 첫 느낌이 광고주(혹은 취재기자)에게 전달되면, 광고 카피가 제품의 정체성을 바꾸거나 신문 제목이 기사의 내용을 수정하게 만드는 일도 가끔은 가능해진다.

온라인 편집부에서 일할 때 이런 일이 있었다. 취재기자가 〈"서울서 산불 많을 수밖에 없다" 결코 안전지대 아닌 까닭〉이라고 임시 제목을 붙인 기사가 필자의 앞에 당도했다. 기사를 읽어보니 "북한산·도봉산을 비롯해 서울에 있는 산에는 소나무 같은 침엽수 비중이 크기 때문에

서울도 결코 산불의 안전지대가 아니다"라는 내용이 있었다. 메모하듯이 부분에 밑줄을 긋고 있는데 '남산 위의 저 소나무 철갑을 두른 듯'이란 애국가 가사가 첫 느낌처럼 뇌리를 스쳤다. 그래서 취재기자에게 그 내용을 첨가해줄 수 있는지 물었다. 취재기자는 고맙게도 괜찮은 콘셉트라며 "실제 애국가 가사(남산 위의 저 소나무 철갑을 두른 듯)에 나올 정도로 서울에는 소나무 숲이 많다"는 문장을 기사에 넣어줬다. 이런 일련의 소통을 통해 〈서울이 안전지대가 아닌 까닭〉이란 제목은 〈"서울, 언제든지 산불 덮친다"… 잠시 잊었던 '애국가 2절 경고'〉라는 제목으로 다시 태어날 수 있었다.

기사의 첫 느낌은 열심히 궁리하는 편집기자를 배신하지 않는다. 그리고 다른 분야에서도 첫 느낌 공식은 그대로 통한다. 다만 주의해야 할 점은 이 첫 느낌이 충동적 감정이 아니라는 사실이다. 충실히 쌓은 경험과 일에 대한 능숙도, 그리고 전문적으로 학습된 스킬이 주는 직관 혹은 직감이 첫 느낌의 진정한 실체이다.

첫 느낌의 힘은 언론사 기사 제목에만 국한되지 않는다. 압도하는 분량의 압박에 책 읽기가 주저되기도 하는 세계 명작들도 첫 느낌의 힘으로 5초 만에 정리할 수 있다. 윤은숙 작가가 쓴 〈비유와 상징으로 풀어보는 철학 이야기〉에 나오는 예시를 보자. 어떤 작품인지 맞춰볼 수 있겠는가.

기사 만담에 심취한 시골 영감이(1초) 자신을 영웅으로 착각하고(2초) 여행길에 나섰다가(3초) 왕창 사고를 쳐 웃음거리가 된다(4초). 끝(5초).

대학을 중퇴한(1초) 가난한 청년이(2초) 매우 인색한 대금업자 노파를(3초) 살해해 버렸다(4초). 끝(5초).

마콘도라는(1초) 마을을 만든(2초) 부엔디아 일족의(3초) 100년 동안의 이야기(4초). 끝(5초).

한 청년이(1초) 불안 속에 살아가다(2초) 모난 돌에 걸려 넘어질 뻔한 순간(3초) 소설을 써보자고 생각한다(4초). 끝(5초).

위에서부터 세르반테스의 〈돈키호테〉, 도스토옙스키의 〈죄와 벌〉, 가르시아 마르케스의 〈백 년 동안의 고독〉, 마르셀 푸르스트의 〈잃어버린 시간을 찾아서〉이다. 오판과 선입견을 배제한 '5초 정의법'은 어지럽게 뒤얽혀 있는 것을 명쾌한 칼질로 정리하는 쾌도난마快刀亂麻를 강조한다. 이때 중요한 게 충실히 쌓아놓은 실력과 직관의 힘이다. 논리적 근거나 타당성 없이 무의식적으로 나오는 느낌이나 반응은 뇌가 그냥 머리를 쓰기 싫어서 만들어놓은 단축 프로세스 같은 것이라고 한다. 어설픈 그 느낌에 착각하지 말고, 진짜 첫 느낌을 갖는 훈련을 열심히 해야 한다.

인생 최고의 버전은 컨버전

　여기까지 읽고 나면 응당 다음과 같은 질문이 나올 법하다. '기사 편집 얘기 잘 들었다. 그런데 언론사 편집기자들의 밥벌이인 편집이 우리와 무슨 상관이 있는가?' 아니면 '기사야 원래 편집을 해서 깔끔한 제목도 뽑고 보기 좋게 레이아웃도 만든다고 하지만, 일상생활에서 편집이 무슨 의미가 있냐'는 질문도 충분히 예상 가능하다.

　이런 의문은 타당성이 있다. 다만 편집의 의미를 기사 편집에 국한시킬 경우에 그렇다. 광의로 편집을 정의하면 이 세상 모든 것이 편집과 관련을 갖게 된다. 많은 사람에게 그리 좋은 기억은 아닐 가능성이 높은 학창시절의 영어 공부를 예로 들어보자. 한국어와 어순도 다르고 쓸데없이 긴 문장도 많은 영어 독해(청해)를 힘들어한 이들은 대부분 청크 chunk(하나의 뜻을 가지는 말의 덩어리)라는 의미 단위로 끊어서 해석하는 데 애로를 겪었을 것이다. 미국인(혹은 영국인)들을 죄다 수다쟁이인지 영어

권에서 나온 영화나 뉴스 프로그램을 듣고 있노라면 엄청난 속도로 귀를 때리는 영어 문장들에 현기증이 날 정도이다. 이런 문장을 잘 이해해서 순발력 있게 반응하려면 문장의 분절화, 즉 청크 나누기에 익숙해져야 한다. 복잡하고 까다로운 문장의 바다를 단락 단위로 쪼개서 차근차근 이해해야 한다. 그런데 이런 행위를 마쓰오카는 '편집의 출발점'이라고 말한다. 그가 제시한 편집공학에서는 의미 단위의 네트워크 속의 한 분기점에서 다음 분기점까지를 '정보 분절'이라고 칭한다. 마쓰오카가 쓴 〈지의 편집공학〉은 인류의 조상들이 분절화를 통해 어떻게 편집을 생활 속에서 실천했는지 흥미롭게 묘사하고 있다.

나무 위에 있던 인간이 초원으로 나와 처음 두 발로 직립보행을 했을 때 최초의 분절화가 일어났다. 두 발과 두 손의 분절화가 그것이다. 두 발만으로 이동할 수 있게 된 인간은 '남는 두 손'을 구부려 보면서 엄지와 다른 네 손가락이 서로 마주보며 이루는 '손가락의 분절화'를 경험한다. 이런 '편집'은 물건을 집고 숫자를 헤아리는 데 그치지 않고 언어의 발생을 촉진시키는 매개체가 됐다. 어린 아기가 손을 쥐었다 폈다 하는 것은 오지대항력五指對抗力의 준비라는 것이다.

마쓰오카는 아기가 쥔 주먹을 응시하며 이따금 "빠빠" 하고 입안을 움직이는 것이 언어의 발생과 관련 있다는 연구 성과를 소개하기도 한다. 목구멍(성대) 근육의 분절화는 모음만 갖고 발성하던 유인원에게 자음을 획득할 수 있는 계기를 마련해줬다는 것이다. 마쓰오카의 '온 세상

편집론'은 분절화가 다양하게 일어나며 인간의 삶이 풍성해졌다는 결론으로 이어진다.

콤비네이션·퓨전 그리고 컨버전

개인적으로는 '분절화' 이후의 '재구성'이 편집의 성패를 좌우하는 핵심이라고 생각한다. 분절화 자체는 마쓰오카가 말했듯이 편집의 출발점일 뿐 나눴으면 '다르게 섞기'를 잘 해야 한다. 콤비네이션Combination, 퓨전Fusion, 컨버전Conversion 등으로 다양하게 불리는 융합 말이다. 한글로는 한 단어로 표현되지만, 융합을 뜻하는 영어 단어들에는 미묘한 의미의 차이가 있다.

먼저, 콤비네이션은 말 그대로 결합이다. 사전을 보니 짝맞춤, 배합, 단결, 연합, 도당 등의 뜻이 있다. 쉽게 얘기하면 중국집의 짬짜면 같은 게 아닐까 싶다. 짬짜면은 대표 중화요리인 짜장면과 짬뽕을 한 번에 먹을 수 있게 두 군데로 담을 곳이 나눠진 용기에 짜장 반, 짬뽕 반을 넣어 제공하는 메뉴이다. 각각의 맛과 성질은 그대로 유지되지만, 두 음식을 번갈아 취하는 고객은 입속에서 '결합된 맛'을 느낄 수 있다. 콤비네이션은 단순한 연결의 성질이 강해 동종과 이종을 가리지 않고 활용된다. 콤비라는 줄임말 형태로도 많이 쓰인다.

이에 비해 퓨전은 용해, 융해, 융합, 통합의 의미를 지닌다. 음식으로 얘기하면 라면과 떡볶이의 통합 수요를 겨냥한 라볶이가 대표적일 것이다. 분식집의 라면과 떡볶이는 중국집 짜장면과 짬뽕 못지않은 국민식품이다. 그런데 라볶이는 짬짜면과는 조금 성격이 다르다. 짬짜면이

물리적 결합이라면, 라볶이는 화학적 융합이다. 한 가지 국물에 두 개의 메뉴를 '짬뽕'했다. 그래서 고유의 맛은 일정 부분 유지되지만 또 다른 맛도 창출한다.

세 번째로, 컨버전은 전환, 전화, 변환, 개종 등의 뜻으로 쓰이는 말이다. A와 B를 단순히 섞는데 그치지 않고, 대표성이 A에서 B로 혹은 B에서 A로 바뀔 때 사용된다. 한국으로 건너온 베트남 쌀국수는 한국인 특유의 입맛을 잡기 위해 매콤한 소스를 듬뿍 담은 형태로 서비스된다. 일종의 컨버전이다. 매운맛 쌀국수는 베트남 음식에서 출발한 것이 맞지만, 베트남인은 즐겨 먹지 않는 한국 음식인 것이다. 한국식 피자도 마찬가지다. 서구의 피자 원형은 유지되지만 국내에서 토착화되며 그 성질이 한국식으로 바뀐 것을 알 수 있다.

잘 버무려진 편집은 콤비네이션과 퓨전을 넘어 컨버전을 지향한다. 우리 일상에서 보이는 대표적인 사례가 주식시장에서 많이 쓰이는 아비트리지arbitrage이다. 동학개미·서학개미·일학개미 등 스마트폰으로 주식 투자하는 개인 투자자들이 늘어나면서 이제는 아비트리지가 그리 낯선 용어가 아니게 되었다. 한 증권거래소에서 주식을 저렴하게 매수한 뒤 이 주식이 더 높은 가격에 거래되는 다른 거래소에서 곧장 되파는 것을 뜻하는 아비트리지는 특히 요즘 암호화폐(가상화폐) 거래에서 많이 활용되고 있다.

지적 아비트리지의 힘

이런 아비트리지가 정보의 세계에서는 '지적 아비트리지'란 이름으로 횡횡한다. 〈창조적 사고의 놀라운 역사〉를 쓴 슈테판 크라인은 "창조성은 다름 아닌 사물을 연결하는 것"이란 스티브 잡스의 말을 인용하며, 완전히 다른 영역의 용어와 이미지를 새로운 맥락에 활용할 때 나타나는 지적 아비트리지의 위력을 보여준다. 대표적인 예가 화자의 감정을 직접 이야기하지 않고 거친 바람과 짧은 여름에 빗대 격정을 불러일으킨 셰익스피어의 18번째 소네트(피천득 옮김)이다.

내 그대를 한여름 날에 비할 수 있을까?

그대는 여름보다 더 아름답고 부드러워라.

거친 바람이 5월의 고운 꽃봉오리를 흔들고

여름의 빌려온 기간은 너무 짧아라.

때로 태양은 너무 뜨겁게 내리쬐고

그의 금빛 얼굴은 흐려지기도 하여라.

어떤 아름다운 것도 언젠가는 그 아름다움이 쇠퇴하고

우연이나 자연의 변화로 고운 치장을 빼앗긴다.

그러나 그대의 영원한 여름은 퇴색하지 않고

그대가 지닌 미는 잃어지지 않으리라.

죽음도 자랑스레 그대를 그늘의 지하세계로 끌어들여

방황하게 하지 못하리.

불멸의 시구 형태로 시간 속에서 자라게 되나니.

인간이 살아 숨을 쉬고 볼 수 있는 눈이 있는 한

이 시는 살게 되어 그대에게 생명을 주리라.

어디 이것뿐이랴. 뉴턴이 사과나무 아래에서 중력의 법칙을 발견한 일화 역시 분절화와 융합이 만들어낸 소중한 인류의 유산이라고 할 수 있다.

기사의 제목을 뽑을 때도 지적 아비트리지는 무시무시한 파괴력을 과시한다. 필자가 온라인 편집기자로 일할 때 〈여자지만 '이런 다이아'가 좋다… 최전방 여군 소초장 '남다른 꿈'〉이란 제목을 뽑은 적이 있다. 정전 70주년과 한미동맹 70주년인 2023년 7월의 어느 날, 취재기자가 최전방을 지키고 있는 여군 소초장을 찾아가서 인터뷰를 했다. "충무공 이순신 장군처럼 나라를 지키려고 입대했다"는 소초장은 중위 계급장을 달고 있다. "방탄모에 박힌 다이아몬드 두 개에 그가 책임지는 전방 소초의 무게감이 담겨 있다"고 기사는 말한다.

쉽게 뽑을 수 있는 기본 제목은 〈최전방 사수 여군 소초장 "충무공처럼 나라 지킨다"〉 정도가 될 것이다. 이걸 어떻게 업그레이드시킬 수 있을까. 제목이 될 만한 정보들을 분절해 보니 여군 소초장·중위 계급장·국방 정도로 정리가 됐다. 이제 융합의 시간이다. '여군'과 '다이아몬드 2개'를 새롭게 엮어봤다. 〈여자지만 '이런 다이아'가 좋다〉는 새로운 콘셉트가 떠올랐고, 그것을 기본 팩트에 버무리자 〈여자지만 '이런 다이아'가 좋다… 최전방 여군 소초장 '남다른 꿈'〉이란 최종 제목을 만들 수 있었다.

여자지만 '이런 다이아'가 좋다…최전방 여군 소초장 '남다른 꿈' [정전 70년 한미동맹 70년]

중앙일보 | 입력 2023.07.25 05:00 업데이트 2023.07.25 13:36   지면보기 ⓘ

이철재 기자   구독

전방에서 소초(小哨)는 긴급 초동조치를 위해 소규모 인원이 상주하는 곳을
뜻한다. 보통 병력은 소대급이다. 소초는 같은 생활관을 쓰고, 대개 자체 취사한
밥을 먹는다. 제6보병사단(청성부대) 백은주 중위는 여군 소초장이다. 방탄모에
박힌 다이아몬드 두 개에 그가 책임지는 전방 소초의 무게감이 담겨 있다. 백
중위가 지휘하는 소초의 부소초장도 여군(부사관)이다.

　　신문편집을 할 때도 지적 아비트리지를 경험한 적이 있다. 2024년
후반기로 가면서 한국 경제가 눈에 띄게 안 좋아졌다. 내수 부진의 탈출
구를 찾지 못하는 가운데 미국 대선에서 다시 트럼프가 당선되자 대외적
으로도 불확실성이 고조됐다. 연말이면 정기인사를 하는 대기업들이 하
나같이 위축됐다. 승진 규모가 줄고, 과감한 외부 발탁을 자제하고, 신사
업에 대한 대응력이 좋은 젊은피를 중용하는 공통적인 흐름이 보였다.
이런 내용의 기사를 처리하면서 'SHY'라는 신조어를 만들어 봤다. 승진
축소의 'Slim'과 내부 발탁의 'Home', 그리고 젊은피를 뜻하는 'Young'을
아는 영어 단어인 'Shy('위축된'이란 뜻)'와 연결지어 대기업들의 속마음을

표현해 봤다. 이처럼 분절화와 융합이란 날개만 달아주면 편집은 무궁

무진하게 비상할 수 있다.

승진 축소, 내부 발탁, 젊은피…올 대기업들 'SHY' 해졌다

(Slim·Home·Young)

불확실성 커지자 '안정 경영' 인사
외부 발탁보다는 검증된 '집안사람'
"신사업 강화" 임원 연령대 낮아져

안정 속 스피드. 주요 대기업들의 2025
년 정기임원 인사의 키워드다. 기업들은
임원 규모와 신규 승진자 수를 대폭 줄
이고 조직 규모도 축소하며 불확실성이
커지는 대내외 환경에 기민하게 대비하
겠다는 의지를 인사로 드러내고 있다.
또 외부 인사를 영입하기보다 업무 능력
이 검증된 내부 인사 위주로 핵심 사업

을 맡겨 연령을 피했다.

무엇보다 올해는 임원 승진의 문이
크게 좁아졌다. LG그룹의 이번 인사
에서 승진 임원 수가 전년보다 13% 줄
어든 121명이다. GS그룹도 지난해보다
승진자가 16% 줄어 42명에 불과하다.
올해 고강도 리밸런싱(구조조정)을 진
행하고 있는 SK그룹은 승진 문턱을 넘
기가 더 빡빡하다. 지난달 말 먼저 인
사를 낸 SK이노베이션과 7개 계열사
의 신규 임원 수는 3명으로 지난해(9
명)보다 크게 줄었다. 롯데그룹도 60대
이상 임원의 80%가 퇴임하고 신규 임

원 수를 줄여 지난해보다 임원 규모가
13%가량 줄었다.

조직 규모도 축소하는 분위기다. GS
건설은 6개 사업본부를 3개로 줄이고
임원 직급도 전무·부사장을 부사장으
로 통합한다. SK에코플랜트도 사업군
별로 흩어져 있던 부문들을 묶고 있다.
건축·토목·플랜트는 솔루션 사업 조직
으로 통합하고 반도체와 에너지사업 조
직을 별도로 꾸렸다. 기업들은 조직 슬
림화를 통해 비용 감소뿐 아니라 사내
빠른 의사소통 효과를 기대한다. 조직
이 잘게 쪼개질수록, 직급 체제가 복잡할

수록 의사결정이 지체되기 때문이다.
최근 수년간 기업들은 핵심의 키를 외
부 출신 전문가에게 맡기는 데 적극적이
었지만, 올해는 외부에서 스타 경영자
를 영입하는 시도도 드물다. CEO 1명
이 여러 직위를 겸하는 사례도 늘었다.
삼성전자는 전영현 반도체(DS) 부문장
(부회장)이 대표이사 자리를 맡으면서
메모리 사업부장과 SAIT(옛 삼성종합
기술원) 원장까지 겸직한다. 역량이 검
증된 인물에게 주력사업과 미래기술까
지 모두 맡겨 전폭적으로 힘을 실
어주는 인사라는 평가다.

동시에 팀팀에선 세대교체도 진행 중
이다. CJ그룹은 1990년생 대표가 나왔
다. CJ그룹은 CJ 4DPLEX 대표에 콘텐
트 사업 기획 업무를 주로 해온 방준식
(34) 대표를 선임하는 파격 인사를 냈
다. 임원들 연령도 낮아졌다. 익명을 요
구한 재계 관계자는 "신산업을 찾아야
하는 기업 입장에선 원단산업에 익숙한
젊은 인재에 대한 목마름이 있다"며 "최
근 30~40대인 오너 일가 3·4세가 경영
전면에 나서고 있는 것도 연령을 낮추는
요인일 것"이라고 말했다.

최현주 기자 chj80@joongang.co.kr

5

좋은 편집은 좋은 질문

우리가 살면서 접하는 정보의 세상은 어지럽다. 정보의 유형도 다양하고 정보량도 들쭉날쭉 해서 정리가 쉽지 않다. 넘실대는 정보의 바다에서 가장 먼저 헤엄쳐야 하는 편집기자들은 어떤 자세로 수영에 임하고 있을까. 이 말을 다른 식으로 표현하면 '어떻게 기사를 똑바로 읽을 수 있을까' 정도가 될 것이다. 신문에서 일하든 온라인에서 일하든 편집기자는 세상의 모든 뉴스를 다 읽어놓겠다는 자세로 일에 임한다. 온라인은 특히 한 사람이 처리해야 할 기사의 꼭지 수와 분량이 많다. 물리적으로 똑바로 읽기가 쉽지 않다. 포털에 떠다니는 온라인 기사에서 제목이 내용을 호도하는 경우가 왕왕 발생하는 것도 이 때문이다.

이런 상황에서 기사를 똑바로 읽으려면 질문하는 자세로 임하는 것이 큰 도움이 된다. '좋은 제목은 좋은 질문'이란 생각을 갖고 제목을 뽑을 준비를 하는 것이다.

오바마도 긴장한 G20 질문 촌극

질문이라고 하니, 어느 책에서 읽은 G20 정상회의 촌극이 떠오른다. 2010년 한국에서 열린 G20 정상회의 말미에 당시 미국 대통령이던 오바마가 기자회견장에서 한국 기자들에게 깜짝 선물을 줬다고 한다. "한국이 행사 개최하느라 수고했으니 한국 기자들에게만 질문권을 드리겠습니다." 오바마가 나름 좋은 뜻으로 한 말이었는데, 막상 한국 기자들 사이에선 침묵의 동요가 잠시 일었다고 한다. 준비된 질문은 이미 끝난 상태였으니 어느 누구도 총대를 메고 리스크가 있는 질문에 나서려고 하지 않았다. 그때 같이 있던 중국 기자가 "제가 아시아를 대표해 질문해도 될까요"라고 했는데, 그건 또 오바마를 껄끄럽게 하는 상황을 연출시키고 말았다. 오바마는 미·중간의 미묘한 외교적 긴장 때문에 중국 기자의 질문을 받긴 싫고, 한국 기자들은 갑작스러운 질문 기회에 입에 지퍼를 채운 어색한 침묵이 지속됐다. 중국 기자의 결정타가 날아든 것은 바로 그때였다. "한국 기자들에게 제가 질문해도 되는지 물어봐도 될까요?" 그야말로 오바마와 한국 기자들을 모두 머쓱하게 하는 순간이 오고야 만 것이었다.

질문하기가 이렇게나 어렵다. 특히 좋은 질문하기는 더더욱 쉽지 않다. 우리가 편집하는 기사를 향해 질문을 잘 하기 위해서는 기사 하나를 깊게도 봐야 하지만 하나에만 매몰돼서도 안 된다. 편집기자에겐 하나를 보고 열은 아는 능력이 필요하다고 앞에서 언급했는데, 이와 관련해 한인섭 전 굿데이 국장은 이런 의미심장한 말을 하기도 했다. "하나를 보고 열을 아는 능력은 '직감'이고 열을 보고 하나를 아는 능력은 '직관'인데, 취재 현장에 나가보지 않은 편집기자에겐 직감과 직관이 모두 필요하다."

진중권 교수의 〈미학 오디세이〉를 보면 직관과 직감에 대한 보다 상세한 설명을 접할 수 있다. 직관은 실제와 허구를 구별하지 않고 인식하는 행위로 정의된다. 그런 의미에서 실제로 존재하는 사물만 파악하는 지각과 다르다. 그는 이런 예를 들었다. "책을 지각했다는 것은 눈앞에 책이 있다는 걸 안다는 것이다. 하지만 존재하지 않는 허구는 지각될 수 없다. 직관은 인식 과정을 통해 이미지를 산출해 낸다는 점에서 감각(직감)과도 구별된다. 감각은 형태를 갖추지 못한 질료로, 수동적인 것이다. 그건 짐승들에게도 있다. 감각은 감각기관을 통해 우리에게 주어질 뿐이라서 직관처럼 능력적으로 이미지를 산출하지 못한다."

좋은 질문을 만드는 직관의 힘

이런 이론적 토대로 보면 실제로 존재하는 사물 너머의 뭔가를 이미지로 그려내는 직관의 능력이 좋은 질문에 필수적임을 알 수 있다. 앞서 밝혔듯이 베이스볼 대디인 필자는 "타석에 선 타자는 공이 수박만 해 보이는 한 점을 노려 친다"는 야구계의 진리를 귀동냥으로 들은 적이 있다. 1초도 안 되는 짧은 순간에 들어오는 투수의 공이지만 집중력을 발휘하는 타자에겐 공이 직구인지 변화구인지 분별할 수 있는 찰나의 순간이 존재한다는 것이다. 기사를 읽는 편집기자에게도 그 찬스가 있다. 편집기자로 일하다 보면 직관의 선물은 분명히 존재함을 몸으로 느낄 수 있다. 이것의 정체는 편집 고민을 더해 갈수록 손에 잡힐 듯 선명해진다.

편집기자는 하나에만 매몰되지 않는 능력도 갖춰야 한다. 다들 이름은 들어봤을 부주의 맹시Inattentional blindness 이론을 설명할 때 빠지지 않는 고릴라 실험(1999년 하버드대학)은 '노'에만 집중하다가 '넓은 물'을 놓치는 우를 우리가 얼마나 자주 범하고 있는지 잘 보여준다. 실험은 간단하다. 수천 명에게 패스 횟수가 몇 번인지 세어보라는 미션을 준 뒤 흰옷 입은 농구선수들이 공을 어지럽게 주고받는 동영상을 보여준다. 중간쯤부터 고릴라 복장을 한 사람이 영상 속을 헤집고 다니는데 실험에 참가한 사람 중 절반 정도가 패스 횟수에 집중한 나머지 고릴라를 보지 못했다고 답했다는 사실은 데이터를 보고도 믿기지가 않는다.

똑똑한 제목은 똑똑한 질문의 산물이다. 치열하게 팩트를 정리한 뒤에는 최대한 심플하게 제목을 정리해야 한다. 딱 한 줄로 승부하는 온라인 세계에선 이 능력이 더더욱 필요하다. 깔끔한 해법을 찾자. 진실은 논리적으로 가장 단순한 것에 있을 확률이 훨씬 크다고 '오컴의 면도날'이 귀띔해주고 있지 않나. 어느 책을 보니 지구를 중심으로 천체가 돈다는 주장에 회의를 품은 코페르니쿠스는 사제였다고 한다. 거역할 수 없는 교회의, 교리에 버금가는 권위의 천동설에 사제가 반기를 든다는 것은 자신의 목숨을 내놨다는 말과 크게 다르지 않다. 하지만 코페르니쿠스는 지동설이라는 '하늘을 뒤집는 이론'을 꺼내들 수밖에 없었다. 이유는 단순했다. '그토록 전능한 신이 이렇게 복잡하고 구차하게 세상을 창조했을까'라는 단순한 의심이 위대한 과학적 성취의 출발점을 만들어주었다.

거미가 짓는 집을 보면 엄청나게 복잡해 보이지만 규칙이 있다고 한다. 거미는 가장 먼저 위에서 하나의 줄을 만들어 내려와서 외줄 그네를 흔들며 좌우로 흔들거리다가 양쪽에 기본선을 만든다. 기본이 되는 그 줄을 중심으로 사방에 힘을 실을 거점을 만들고 틀을 잡아간다. 방사선 구조의 줄과 원형의 줄이 서로 어울리면서 완벽한 삶의 자리를 만들어간다. 점차 시간이 지나면서 그물이 확장되고 복잡한 구조를 만들어가며 다양한 형태의 줄이 기하학적이며 예술적으로 세팅이 되면 비로소 거미의 보금자리 겸 사냥터가 완성되는 것이다.

새벽이슬이 맺히면 다이아몬드처럼 반짝이는 가로·세로의 줄들은 거미에게 모두 소중한 것이다. 하지만 그 줄 가운데서도 핵심은 위에서 내려온 첫 번째 기본 줄이다. 그게 끊어지면 집이 무너지기 때문이다.

그 기본 줄이 바로 기사의 '제목 줄'이고 인생의 '편집 줄'이다. 제목은 주저리주저리가 아니다. 편집기자 사회에는 "카피는 99%의 싱크think와 1%의 잉크ink로 쓰여진다"는 명언이 있다. 제목을 뽑는 편집기자는 팩트를 치열하게 정리하되, 창조적 파괴와 재구성의 과정을 절대로 빼먹지 말아야 한다.

온라인 부서에서 일할 때 깜짝 놀랄 만한 제목을 접한 적이 있다. 〈이미 포경수술했다고요? 이 기사가 늦어 죄송합니다〉였다. 일 잘하는 후배의 제목이었는데, 기억컨대 포털 사이트를 통해 100만뷰 이상의 클릭을 유발한 걸작이었다. 해당 기사는 인류의 마지막 순간까지도 논쟁이 종결되지 않을 것으로 보이는, 다소 민망하지만 관심 있는 소재를 다루고 있다. 기사 내용은 찬반양론을 균형감 있게 다루면서, 과도하게 수술을 권하는 한국의 실상도 꼬집는다. 유대인과 무슬림, 에이즈 감염률이 높은 아프리카인과 한국인이 가장 많이 수술받는 인류 집단이라고 소개하기도 한다. 이런 기사를 임팩트 있는 제목으로 연결하기란 여간 어려운 일이 아니다. 다른 쪽을 압도하는 과학적 결론이 나지 않은 사안이라 쉽사리 각을 세울 수가 없는데, 그렇다고 과하게 수술만 강요하는 한국에 일침을 놓는 기사의 스탠스를 못 본 체할 수도 없다. 한 글자 한 글자 기사를 따라가다 보면 자칫 의미도 재미도 없는 그저 그런 제목이 돼버리기 십상이다. '이 기사가 늦어 죄송합니다'라는 말로 재치 있게 기사의 뉘앙스를 전하는 온라인 편집부 후배의 제목에 무릎을 친 것도 이 때문이었다.

국제 : 국제일반 | 정글 뉴스

이미 포경 수술 했다고요? 이 기사가 늦어 죄송합니다

중앙일보 | 입력 2022.01.27 18:00 | 업데이트 2022.01.27 19:24

이정봉 기자 (구독)

정글 뉴스 >   (구독)

병에 안 걸리려면 포경수술? 이를 반박하는 덴마크의 블록버스터급 연...

편집기자는 '넌 대체 무슨 기사냐'는 질문을 던진 뒤, 하나를 잡아내되 전체도 놓치지 않는 답을 뽑아내야 한다. 제목은 헤드라인이지 타이틀이 아니다. 기사의 관문을 넘어서서 기사의 핵심을 담고 있어야 한다. 게다가 흥미롭고 재미있는 표현을 써서 독자의 시선을 끌어당겨야 한다. 2024년도에 인터넷기자협회와 언론문화재단 연수에 강사로 참여하면서 강의록 제목을 '제목, 달다'라고 뽑았다. 편집기자가 '제목을 단다'는 말은 '달짝지근한 제목을 단다'는 말과 사실상 동의어인 것이다.

일반 시민들, 제목에 도전하다

한국편집기자협회가 2024년 7월 서울 광화문 광장에서 개최한 '언론의 지평' 전시회 얘기를 잠시 해본다. 협회는 한국의 심장부에 전시대를 깔고 전국 편집기자들의 우수 작품과 편집기자들의 일상을 국민을 대상으로 홍보했는데, 그 자리에서 흥미로운 이벤트를 하나 했다. 일반 시민들이 제목을 뽑아보게 한다는 기획이었다.

시민들이 도전할 수 있는 문제는 총 3개였다. 첫 번째는 '카카오톡 장애 사건'이었고, 두 번째는 '김영란법 시행'이며, 마지막 세 번째는 '이상기후에 따른 식목일 변경 논란'이었다. 좀 길긴 하지만 당시에 문제로 출제된 질문지를 소개한다. 페이지를 그냥 넘기지 말고, 문제를 한 번씩 풀어보기를 추천한다.

1교시 문제

5000만 명이 사용하는 카카오톡이 판교 데이터센터 화재로 중단되면서 전국민의 일상이 '블랙아웃'되는 사태가 발생했다. 카톡을 통한 안부 확인뿐 아니라 택시, 송금, 결제, 웹툰 등 주요 서비스가 모두 중단됐고, 카카오톡과 연동된 민·관 서비스들도 장애를 일으켰다. 이로 인해 택시기사, 식당 손님, 투자자 등 여러 피해 사례가 속출했다. 카카오는 "유례없는 대형 사고"라며 복구 작업을 진행해 일부 서비스를 복구했으나, 완전 복구는 불확실하다. 이번 사태로 한국의 IT 강국 이미지와 플랫폼 독점 사회의 취약성이 드러났다. 대통령실은 "업계와 정부가 합심해 신속히 정상화해야 한다"고 강조했다.

2교시 문제

28일부터 김영란법이 시행되면서 'n분의 1' 시대가 열린다. 국민권익위원장 성영훈은 "김영란법의 취지는 더치페이 문화를 만드는 것"이라고 설명했다. 이 법은 공직자, 교원, 언론인과 그 배우자가 직무 관련성이나 대가성이 있는 상대에게 금품을 받는 것을 금지한다. 1회 100만원 이하, 연 300만원 이하를 받으면 과태료, 이를 초과하면 형사처벌을 받는다. 직무수행이나 사교 목적의 3만원 이하 식사, 5만원 이하 선물, 10만원 이하 경조사비는 허용되지만, 대가성이나 부정청탁 소지가 있으면 불가능하다. 김영란법은 400만 명에게 적용되며, 각계에 큰 영향을 미칠 것으로 보인다. 국회 국토교통위원회에서도 '더치페이'가 이뤄졌고, 의원들과 관계자들이 각자 비용을 계산했다.

3교시 문제

4월 5일은 식목일로, 국민의 나무 심기와 산림 보호를 장려하기 위해 지정된 법정 기념일이다. 이 날은 신라가 삼국을 통일한 677년과 조선 성종이 밭을 일군 날을 기념하여 1949년 대통령령으로 지정됐다. 비록 2006년부터 공휴일에서 제외됐지만, 산림의 중요성을 알리는 날로 남아 있다. 지구 온난화로 인해 4월 5일은 나무심기에 적합하지 않다는 의견이 있다. 실제로 2000년대 4월 기온은 1930~1960년대보다 2~3°C씩 높아졌다. 이로 인해 일부 지방자치단체는 3월에 식목 행사를 앞당겨 시행하고 있기도 하다. 식목일 변경을 주장하는 측은 이를 근거로 식목일 자체를 한 달가량 앞당기자고 주장한다. 반대 측은 식목일의 역사성 보존, 통일 대비 등을 내세워 유지를 주장한다. 정부는 2009년 식목일 변경을 검토했지만 현행 유지로 결론 냈다.

읽어보니 어떤가. 해당 내용(기사 요약본)의 제목이 바로 나오는가. 협회의 당시 이벤트에 응모한 일반시민 작품들은 편집기자의 눈으로 볼 때 천차만별이었다.

1교시에선 〈플랫폼 의존한 재앙〉, 〈'득' 보려다 '독' 됐다〉, 〈플랫폼 독점에 일상 '스톱'… 씁쓸한 카카오〉, 〈카카오톡 없이는 못 사네〉, 〈카톡이 콤마Comma되자 일상이 코마Coma 됐다〉, 〈'카카오톡' 깜깜 블랙아웃〉, 〈카카오톡 블랙아웃, 시민들은 멘탈아웃〉, 〈카카오톡 화재, 시민 일상까지 태웠다〉, 〈독점이 부른 '깜깜오톡'〉 등의 제목이 나왔다.

그리고 2교시에선 〈김영란법 각자 내는 시대 열다〉, 〈평등하게 청렴하게, '김영란법' 시행한다〉, 〈사라지는 "내가 낼게"… 이제부터 "내꺼 낼게"〉, 〈부정청탁 그만, 더치페이하면 그만〉, 〈400만 더치페이 시대 김 영란법 시행〉, 〈카카오페이로 보내도 될까요?〉, 〈남의 페이 노터치 이제 부터 더치페이〉, 〈더 치사해지기 전에 더치페이〉 등이 눈에 띄었다.

　　마지막으로 3교시에선 〈식목의 역사와 미래〉, 〈나무도 더워요… 식 목일 이대로 괜찮을까?〉, 〈4월 5일 나무 심어? 말어?… '뜨거운' 논쟁〉, 〈그래서 나무는 언제 심어요? 4월 5일 식목일 제정 놓고 엇갈리는 의 견〉, 〈매일이 식목일이 되면 좋겠다〉, 〈나무 사정보다 사람 사정〉, 〈'나무 심기 너무 더워' 식목일 바뀔까〉, 〈근본이냐 변화냐, 흔들리는 식목일〉, 〈나무는 일하는 날! K직딩과 지구는 쉬는 날!〉, 〈한가해서 문제를 만들 어 하는 싸움… 갑자기 식목일 논쟁〉 등의 제목이 시선을 사로잡았다.

　　1교시 기사의 핵심은 '카카오톡이 멈춤에 따라 각종 피해가 발생했 고, 이로 인해 IT 강국이란 한국의 명성에 금이 갔다' 정도가 될 것이다. 이 세 가지 포인트를 모두 큰 제목에 넣을지, 아니면 그 중의 하나를 뽑 아낼지를 판단하는 게 제목을 뽑는 편집자의 역할이다. 하지만 이런 작 업의 대전제는 핵심 키워드인 '카카오톡'을 어떻게든 제목 안에 포함시 켜야 한다는 것이다. 제목은 어찌됐든 기사의 관문이기에 '기사의 주소' 를 분명히 담고 있어야 엉뚱한 데로 배달되는 불상사를 막을 수 있다. 그 런 의미에서 〈플랫폼 의존한 재앙〉, 〈'득' 보려다 '독' 됐다〉는 핵심 키워 드를 빼먹는 우를 범했다고 볼 수 있다. 당시 협회에서 가장 괜찮다고 판 단한 1교시 제목은 〈독점이 부른 '캄캄오톡'〉이었다. 독점의 폐해를 명 확히 지적했고, 카카오톡을 명시하지 않았지만 '캄캄오톡'이란 표현으로 키워드를 충분히 연상시키는 재치를 보여줬기 때문이었다.

2교시 기사는 '부정청탁을 방지하는 김영란법이 n분의 1씩 내는 시대를 연다'는 메시지를 던져준다. 편집기자 못지않은 시민 편집자들이 대체로 핵심을 잘 짚어냈다. 하지만 〈카카오페이로 보내도 될까요?〉, 〈남의 페이 노터치 이제부터 더치페이〉, 〈더 치사해지기 전에 더치페이〉 등은 살짝 너무 나갔다는 느낌을 준다. 김영란법이란 법적 개념 자체가 생소한 상태에선 정부가 홍보한 'n분의 1' 정도의 수식어만으로도 이해에 무리가 없다. 이 표현에서 한 발씩 더 나간 수식어는 마치 끊어진 연처럼 김영란법의 개념에서 너무 멀어져 버린다. 그러면 이해도 쉽지 않다.

3교시 기사의 핵심은 '지구 온난화에 기존 식목일인 4월 5일이 점점 나무 심기에 더운 날로 바뀌고 있다. 그래서 식목일을 앞당겨야 한다는 여론이 커진다' 정도일 것이다. 이런 측면에서 〈매일이 식목일이 되면 좋겠다〉, 〈나무 사정보다 사람 사정〉, 〈나무는 일하는 날! K직딩과 지구는 쉬는 날!〉, 〈한가해서 문제를 만들어 하는 싸움… 갑자기 식목일 논쟁〉 같은 제목은 기사의 핵심을 잘못 짚었다고 볼 수 있다. 제목을 뽑는 편집자가 기사 내용을 잘못 판단하면 제목이 산으로 간다는 것을 여실히 보여준다. 게다가 보고서 제목 같은 〈식목의 역사와 미래〉는 제목이 왜 타이틀이 아니라 헤드라인인지 실감하게 해준다.

사실 1~3교시 문제는 한국편집상을 받은 작품들을 토대로 만든 질문지였다. 제목에는 정답이 없지만 해당 수상작품이 어떤 제목으로 기사를 이끌었는지 보면 성과를 내는 편집이 어떠해야 하는지에 대한 힌트를 얻게 될 것이다. 1교시는 〈카카오'뚝'〉, 2교시는 〈내일부터 n분의 1 시대〉, 3교시는 〈심기 불편한 날〉이었다. 같은 내용의 기사라도 편집기자가 제목을 차별화할 때 맛과 깊이는 한없이 달라질 수 있다.

다음 사례도 한 번 살펴보자. 한국과 일본의 연금전문가가 공통적으로 "70세까지는 일할 생각을 해야 한다"고 조언하는 기사가 있었다. 100세 시대에 부어놓은 연금만으로 40년을 먹고 살기 쉽지 않다는 이유에서다. 여러 가지 연금 투자법을 소개하고 있지만 핵심은 '건강관리 잘해서 최대한 오래 직업을 가져라'였다. 기사의 의미는 확실하니 제목을 뽑을 때는 재미와 흥미 요소를 어떻게 채워 넣을지가 관건이다. '70세까지 일해야 한다'를 어떤 식으로 표현하면 재미와 흥미가 배가 될까. 〈칠

순까지 쉴순 없다··· 한·일 연금전문가 '공통 전략'〉 정도 하면 어떨까.

기사 제목은 이미지가 동반됐을 때 더욱 인상적으로 구현되기도 한다. 보잉의 위기를 진단한 기사가 있다. 지구를 넘어 우주에서까지 위용을 떨치던 보잉이 품질보다 숫자를 강조하는 제너럴 일렉트릭GE 식 경영평가를 도입한 뒤 추락하고 있다. 보잉에서 만든 비행기가 하늘을 나는 중에 창문이 떨어져 나가는 사고가 발생하기도 하고, 글로벌 항공사들이 '못믿겠다'며 경쟁사인 에어버스로 계약을 옮기기도 한다. 이런 내용의 기사를 신문에 실을 때 보잉 항공기에 반창고를 붙이면 어떤 느낌일까. 덕지덕지한 그 이미지에 〈고객사도 떨

어져 나간다, 위기의 보잉〉이란 제목을 올려놓으면 어떨까.

물론 항상 이미지에 무슨 장치를 꼭 넣을 필요는 없다. 언젠가 본 세계일보 지면엔 시커먼 가마솥과 주물공장 장인의 거친 손만 있었다. 1850℃의 용광로 속 쇳물과 평생을 함께한 주물 장인이 전통을 이어줄 젊은 기술자들이 없어 걱정이라는 내용의 기사에 〈쇳물보다 뜨겁게 손잡아주오〉라는 제목을 붙인 편집기자는 강렬한 사진 한 장 덧붙여서 하고 싶은 말을 다 해 버렸다. 이렇듯, 필요하다고 판단되면 제목 글자와 이미지 등 가능한 한 모든 수단을 동원하는 것이 '편집'이다.

6

우물쭈물할 시간이 없다

우물쭈물하다가 내 이럴 줄 알았지I knew if I stayed around long enough, something like this would happen. 미국의 극작가 버나드 쇼의 묘비명에 쓰인 글귀다. 자신의 생애 마지막까지 만족하지 못하고 살다 간 듯한 자조 섞인 한숨이 문장 속에 잔뜩 묻어난다. 어쩌면 이것은 버나드 쇼 혼자만의 푸념이 아니라 우리네 인생의 마지막에 던지는 화두일지 모른다. 그는 묘비 글귀를 통해 후세 사람들에게 '인생을 우물쭈물하며 사는 것을 경계하라'고 말하고 싶었는지 모른다.

아닌 게 아니라 요즘 지구촌을 보면 눈이 돌아갈 정도로 세상 돌아가는 속도가 빠르다. 휴대폰과 인공지능AI 등의 기술과 지구를 매일 한 바퀴 돌면서 사람들의 자산 가치를 출렁이게 하는 돈의 속도가 워낙 빨라 자꾸만 우리네 삶을 조급하게 만든다.

개인적으로도 쫓기며 사는 통에 자꾸만 아내의 생일을 잊어버리는 부작용에 시달리고 있다. 작년의 경험이 대표적이다. 돌아봐도 부끄러운데, 출근길을 나서 역까지 수백 걸음을 다 걸을 때까지도 그날이 아내의 생일인지 꿈에도 몰랐다. 지하철 출입구에 카드를 대고 에스컬레이터에 올라 폰을 여유롭게 연 이후에야 카톡의 생일 코너에 익숙해도 너무 익숙한 이름이 있는 걸 알게 됐다. '이래서 출근이 바쁜 아침인데 그렇게도 내게 말을 시켰구나. 그런데도 눈치 없는 나는 바쁘다며 신발만 열심히 신었구나.' 쓰나미처럼 밀려드는 아차 하는 마음을 겨우 진정시키고, 떠난 버스에다 대고 소리치는 모양새로 뒤늦은 '해피 버스데이 콜'을 보낸 기억이 쓰라리다.

어찌 필자만 그러하겠는가. 숨 가쁜 세상사는 '시간을 허비하지 말라'는 내면의 강한 압박에 늘 시달리게 만든다. 오죽하면 영화 〈빠삐용〉에 '인생을 허비한 죄'라는 말까지 나왔을까. 스티브 매퀸과 더스틴 호프먼이 출연한 이 영화에서, 살인자라는 누명을 쓰고 독방에 갇힌 빠삐용은 꿈을 꾸다 황당한 일을 겪게 된다. 빨간 망토를 입은 심판관이 빠삐용을 심판하는데 그의 죄목이 '억울한 살인죄'가 아니다. "저는 사람을 죽이지 않았습니다"라고 항변하는 빠삐용에게 심판관은 '인생을 허비한 죄'를 묻는다. 심판관은 인생을 허비한 죄는 인간이 저지를 수 있는 최악의 죄라고 지적한다.

인생을 낭비한 죄, 즉 시간을 아까워하지 않은 죄는 벌이 크다. 신비주의 작가인 파울로 코엘료가 〈내가 빛나는 순간〉에서 "시간을 허비하느니 돈을 허비하라. 그게 싸게 먹힌다"고 말한 데에는 다 이유가 있을 것이다. 실제의 삶에선 빠삐용처럼 꿈에 누군가 나타나 시간 허비를 책망하지는 않겠지만, 시간의 부가가치를 높이기 위해 노력하는 이들의 삶은 반어적으로 시간 낭비를 꾸짖고 있다.

뒷머리에는 머리카락이 없는 '시간의 신'

일반적으로 시간은 과거에서 현재를 거쳐 미래로 흘러가는 개념으로 알려져 있다. 복잡한 과학적 지식을 동원하면 다른 얘기가 나올 수도 있겠지만, 최소한 지구적 차원에서는 시간의 일방향성을 전제로 한 채 세상이 흘러가고 있다. 그리스 신화에 나오는 시간의 신 크로노스의 뒷머리와 목덜미에 머리카락이 없는 것도 이 때문이다. 크로노스는 자식에게 왕좌를 빼앗긴다는 신탁 때문에 자식을 낳은 족족 잡아먹는 것으로 전해지는데, 이는 태어난 모든 것을 소멸시키는 시간의 속성을 상징한다. 그리스의 올림푸스 신전에 있는 크로노스 신상은 벌거숭이 젊은이가 달리는 모습을 하고 있다. 형상을 들여다보면, 발에는 날개가 달려있고 오른손에는 날카로운 칼이 들려 있으며 이마에는 곱슬곱슬한 머리카락이 늘어뜨려져 있지만 뒷머리와 목덜미는 민숭민숭한 모습이다. 그래서 신상을 본 시인 포세이디프는 이렇게 노래했다. "시간은 쉼 없이 달려야 하니 발에 날개가 있고, 시간은 창끝보다 날카롭기에 오른손에 칼을 잡았고, 시간은 만나는 사람이 잡을 수 있도록 앞이마에 머리칼이 있으나 시간이 지난 후에는 누구도 잡을 수 없도록 뒷머리가 없다."

시간은 곧 기회다. 한 번 놓친 기회는 다시는 앞이마를 우리에게 보여주지 않는다. 사업가나 직장인이 터를 잡은 비즈니스 세계를 보면 시간의 중요성을 더욱 확실히 느낄 수 있다. 현대 사회의 변화는 불연속적이고 돌발적이다. 지속적인 개선은 산업화 시대의 개념일 뿐 지금은 누구보다도 빠르게 보다 급진적으로 혁신해야 한다. 제아무리 초일류기업일지라도 한순간만 방심하면 곧바로 생존을 위협받을 수 있는 시대이기 때문이다. 지하철의 망막 스캐너가 자동으로 요금을 징수하고, 거리의 포스터나 빌보드가 고객에게 말을 거는 〈마이너리티 리포트〉의 시나리오는 결코 영화 속 장면만이 아니다. 스필버그가 그린 미래가 예상보다 훨씬 빠른 속도로 우리를 향해 달려오고 있는 것이다.

'오늘과 사투' 문화일보 편집기자의 전략

그렇다면 우리에게 주어진 한정된 시간을 어떻게 최대한 효과적으로 사용할 수 있을까. 이에 대한 답을 얻기 위해, 편집기자의 관점에서는 시간과의 싸움을 치열하게 벌이는 대표 신문사인 문화일보를 들여다볼 만하다.

문화일보는 우리나라 중앙 종합신문사 중에서 유일하게 석간신문을 발행한다. 당일 발생한 뉴스를 밤까지 취합해 정리한 뒤 내일자로 발행하는 대부분의 조간신문과 달리, 문화일보는 당일 새벽부터 오전 중에 일어난 일을 점심 때 신문으로 만들어 독자들에게 제공한다. 한마디로 하면 오늘 뉴스와 매일 승부를 겨루는 셈이다.

편집기자의 상황도 조간과 석간은 확연히 다르다. 조간 편집기자에겐 종일 기사 내용을 머리와 가슴에 품고 제목을 생각할 수 있는 일종의 여유가 있을 수 있다. 하지만 문화일보 편집기자들은 한창 진행 중인 뉴스를 마감 시간에 맞춰 싹둑 잘라 순식간에 상황을 정리하고 의미를 부여해야 한다. 석간은 데드라인의 공포가 선명한 만큼 순발력과 상황 대처력을 편집기자들에게 요구한다.

젊은 시절, 한국편집기자협회보 취재기자로 잠시 일할 때 문화일보 편집부를 탐방한 적이 있었다. 4절지 종이 위에 레이아웃 그리는 쓱싹쓱싹 연필 소리가 한쪽에서 들리는가 하면, 다른 쪽에선 능숙한 타이핑 솜씨로 편집기에 제목을 입력하는 기계음이 요란했던 기억이 난다. 제목 글자와 기사 개수 등을 논의하는 편집기자들의 육성은 오늘 뉴스의 최전선에 서 있음을 실감시켜 주기에 충분했다. 분위기만 보면 불난 호떡집이 따로 없었다.

당장의 시간과 싸움을 벌이는 문화일보 편집기자들은 어떤 전략을 취하고 있을까. 최근 해당 신문의 한 편집기자와 얘기를 나누며 문화일보의 시간 전략을 질문한 적이 있는데, 필자에게 돌아온 답변이 의외였다. 그는 "쫓길수록 멈춘다"고 답했다. 일종의 휴식을 통한 리셋 전략이다. 지면 강판(편집을 끝내는 행위)을 알리는 초침이 똑딱똑딱 무서운 소리를 키워오더라도 제목이 막히면 일단 스톱인 것이다. "답이 없는 제목을 붙잡고 있기보다 잠시 휴식을 취한 뒤 다시 기사를 읽었을 때 숨어있던 답을 찾는 경우가 많다"는 그의 답변은 시간 관리에 대한 의미 있는 실마리를 준다.

이 같은 현실 인정 전략은 〈절대로 바꿀 수 없는 다섯 가지〉라는 책을 통해 미국의 심리치료사인 데이비드 리코 박사도 주장했다. 리코 박사는 바꿀 수도, 피할 수도 없는 인생 조건을 5가지로 정리했는데, 그 중 하나가 '인생은 계획대로 되지 않는다'였다(나머지 4가지는 '모든 것은 끊임없이 변하고 때가 되면 끝난다', '세상은 불공평하다', '고통은 삶의 일부다', '사람들은 항상 애정 있고 충실하지는 않다'이다). 리코 박사는 "피할 수 없는 조건을 피하려고만 하다 비참한 삶에 빠져든다"고 지적한다. 삶이 제공하는 참된 풍요로움은 반대쪽에 있는데 딴 곳으로 열심히 삽질하면 뭐하나. 영혼의 역발상이 필요하다. 리코 박사는 "간절히 원하는 것을 버려야 하고, 버리고 싶은 것을 받아들여야만 하는 상황이 불행한 것 같지만, 진짜 불행은 그런 상황을 불행하다고 여기는 마음에 있다"면서 "바꿀 수 없는 것을 주어진 것, 나아가 필요한 것으로 여기는 인식의 전환을 이루라"고 조언한다. 코엘료 역시 삶을 변화시키는 씨앗으로 꿈, 사랑과 함께 고통을 집어넣었다. 폭풍이 꼭 나쁘지만은 않다는 것이다. 폭풍이 때로는 내가 가야할 길을 말끔히 치워놓기도 하기 때문이다.

불의의 교통사고로 무용가의 꿈을 접었지만 유명 가수로 제2의 인생을 꽃피운 도리스 데이를 보면 시간에 쫓기듯 무턱대고 세상을 좇아가는 것만이 능사가 아님을 알 수 있다. 고통을 행복으로 뒤바꾼 이들을 보고 있노라면 난관에 막힌 나에게도 예비된 하나님의 계획이 있음을 믿을 수 있다. 어느 책에서 본 표현처럼 인생의 망원경은 제멋대로 흩어진 별들이 아니라 한 폭의 그림처럼 자리 잡은 별자리를 보라고 있는 것이다.

톨스토이의 세 가지 질문

버나드 쇼가 말한 우물쭈물은 아무것도 하지 않았음을 후회하는 게 아니라 쫓기는 마음에 엉뚱한 선택을 했음을 반성하는 것일 수도 있다. 그렇다면 어떤 선택을 해야 할까. 러시아의 대문호 톨스토이는 평생 동안 '그대에게 가장 소중한 사람은 누구인가, 그대에게 가장 중요한 일은 무엇인가, 그대에게 가장 값진 시간은 언제인가'라는 세 가지 질문을 가슴에 품고 살았다고 한다. 그리고 스스로의 질문에 대해 찾아낸 그의 답은 이것이었다. "가장 소중한 사람은 바로 지금 그대와 함께 있는 사람이다. 가장 중요한 일은 지금 그대가 하고 있는 일이다. 지금 당신 곁에 있는 사람을 위해 선행을 베푸는 일이다. 가장 값진 시간은 바로 지금 이 순간이다."

프랑스의 '행동하는 양심'이란 별명을 가졌던 장 폴 사르트르 역시 이런 말을 했다. "인간은 가진 것이 그의 전부 모습이 아니라 가질 수 있는 가능성, 그것이 바로 그의 모습이다."

톨스토이와 사르트르가 주는 인생의 교훈은 뭘까. 인간의 가치는 '그 사람이 지금 무엇을 가졌는가, 얼마만큼 가졌는가, 지금 그의 모습이 어떠한가'에 따라 평가되지 않는다. '앞으로 그 사람이 어떤 것을 가질 것인가, 앞으로 그가 어떻게 될 것인가'가 결정적인 영향력을 행사한다. 75세까지 오선지를 직접 만지며 명곡을 남긴 바흐, 70세가 넘어 〈부활〉을 탈고하고 82세까지 책을 열심히 쓴 톨스토이, 76세에 쓰기 시작한 〈파우스트〉를 80세가 넘어 완성한 괴테. 이들처럼 지금 이 순간을 힘 있게 붙잡을 수 있다면 우리는 인생을 우물쭈물하지 않을 수 있다.

영어 단어의 어원을 탐구하며 인생의 진리를 찾는 책인 〈오리진〉은 '행복'이란 뜻을 가진 'Happy'의 어원이 'Fall'임을 알려준다. "행복은 눈앞에 떨어지는 것을 항상 포착해야 느낄 수 있다"는 것이다. 행복은 눈앞에 있는 것 중에서 찾아야 하는 것. 그래서 눈앞에 없는 돈과 명예 때문에 행복하지 못하다는 말은 아예 성립이 되지 않는다. 그보다는 눈앞에서 조잘대는 아이들의 환한 웃음소리와 따사로운 햇살이 우리를 더 행복하게 만든다.

그렇다면 눈앞에 있는 것을 어떻게 포착해야 할까. 어떻게 해야 우물쭈물의 저주에서 벗어나 올바른 선택을 할 수 있을까. 내게 맡겨진 미션에 도저히 해결할 수 없을 것 같은 난관이 보이고 인생이 꼬인 듯 눈앞이 캄캄할 땐 당황하지 말고 사태의 맥락을 짚어내 단 하나의 돌파구, 즉 키워드를 찾아야 한다.

인지심리학자인 김경일 교수의 책 〈창의성이 없는 게 아니라 꺼내지 못하는 것입니다〉에 따르면, 인간의 판단은 인지와 메타인지의 상호작용을 통해 이뤄진다. 이중 친숙함을 기준으로 '안다'와 '모른다'를 판단하는 메타인지의 오판 때문에 왕왕 잘못된 결정을 내리는 일이 발생한다. 많은 중년 남성들이 몰고 가던 차가 도로에서 고장이 났을 때 하는 행동이 있다고 한다. 그 차가 렌터카라면 렌터카 업체나 보험사에 전화부터 하겠지만, 본인의 차일 경우엔 차문을 열고 나와서 보닛을 연다. 혼잣말로 "어디가 엔진이냐" 하면서도 보닛을 한참이나 뚫어지게 처다본다. 김경일 교수는 이 같은 어이없는 행동이 메타인지 때문이라고 말한다. 운전자가 차의 구조에 대한 지식을 갖고 있지 못함에도 그의 메타인지는 오랫동안 운전한 이 차를 잘 안다고 착각하게 된다. 무엇인가에 익숙해지고 노련해질수록 메타인지가 도리어 멍청해지는 일이 일어나는 것이다.

문제 해결이 필요할 때 그 상황에 맞는 답을 제대로 찾으려면 그 순간에 필요한 키워드를 찾아야 한다. 차를 고쳐본 경험도, 차에 대한 지식도 없는 운전자라면 보닛을 열라는 메타인지의 지시를 무시하고 '자동차 수리'라는 키워드를 떠올려야 한다.

김경일 교수는 상황에 맞는 키워드를 찾는 노하우를 '낯설음'이라고 말했다. 창의력을 가진 사람이 따로 있는 게 아니라, 누구든 창의적으로 바뀔 수 있는 상황을 만드는 게 중요하다는 그는 "생각의 순서와 시간, 간격을 벌릴 때 창의력은 발현된다"고 주장한다.

필자 역시 인생 편집의 노하우가 이 '낯설음'에 있다고 생각한다. 편집기자로 일하며 도저히 기사 제목이 나오지 않을 때가 많은데, 그럴 때면 기사와 상관없는 내용을 떠올리며 낯설어지려고 한다.

〈승진 거부합니다, 인기 끄는 '정년이'〉란 제목을 뽑은 적이 있다. 해당 기사는 정년까지 가늘고 길게 직장을 다니려 하는 우리 사회의 많은 샐러리맨의 삶을 다룬다. 권한 없이 책임만 많은 보직을 맡기 싫어하는 그들은 급기야 승진 거부까지 외친다. 뼈로는 모자라 영혼까지 갈아 넣는 노력으로 일해 '계약직' 임원이 되느니, 60

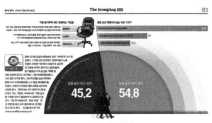

세까지 월급 꼬박꼬박 받고 재테크하면서 자녀교육 스케줄에 지장 없게 하는 게 낫다는 판단인 것이다.

　　이런 대한민국 보통 직장인들의 몸부림을 한 마디로 압축할 만한 표현이 있을까. 비즈니스가 아닌 다른 세계의 언어를 쓰고 싶어 머리를 굴리던 중 '정년이'가 떠올랐다. 지금 생각해보면 아이러니하긴 하다. TV 드라마 속 천재 소리꾼 정년이의 삶이 어찌 기사가 말하는 평범한 직장인의 그것과 매칭이 될 수 있단 말인가. 하지만 해당 지면을 편집할 당시에 찾아낸 두 '정년이'의 공통점이 있었으니 끈기였다. 잘났든 못났든 끝까지 남는 게 이기는 것이란 삶의 진리에서 자유로운 사람은 없다. 필자를 포함해 버티기 신공을 발휘하는 우리 사회 직장인들이 기왕 하는 것인데 윤정년처럼 즐기면서 하기를 바라면서 제목을 달았던 것 같다.

　　우물쭈물 인생을 막아줄 또 하나의 요소는 '정년이들'이 가진 그 끈기이다. 키워드를 찾았으면 그것을 뚝심 있게 밀어붙여야 한다. 성경을 보면 '개미에게서 부지런함을 배우라'는 구절이 있는데, 끈기의 교훈은 사마귀에게서 얻을 수 있다. 당랑거철螳螂拒轍이란 사자성어가 있긴 하지만, 사마귀가 먹이를 사냥하는 모습을 보면 '분수도 모르고 수레를 두 팔로 막고 선다'고 사마귀를 폄하하는 게 얼마나 잘못됐는지 알게 된다. 사마귀는 말미잘이나 송충이, 자벌레 등과 같이 자기보다 큰 적을 만나면 대항하거나 도망가는 스타일이 아니다. 도리어 자신의 몸을 주변 환경 속에 숨기는 삶을 산다. 사냥을 할 때도 그 긴 몸을 나뭇가지나 문기둥 사이에 바짝 붙여 놓고 몇 시간이고 꼼짝하지 않는다. 움직임이 없는 상태로 색깔이 유사한 지형지물과 일체가 된다. 그러다가 거미 같은 먹이가 앞을 지나가면 번개 같은 동작으로 앞발을 쑥 내밀어 사냥에 종지부를 찍는다.

기왕 동물과 곤충 얘기를 꺼냈으니 고슴도치의 사례도 들어본다. 고슴도치는 몸집이 30cm 정도밖에 안 되고, 눈이 안 좋아서 앞도 잘 보지 못한다고 한다. 그런데도 숲속을 활보하는 모양새를 보면 거침이 없다. 오소리나 족제비 같은 강적이 언제든 나타날 수 있음에도 온 숲을 헤집고 다니며 먹이를 구한다. 고슴도치는 생명을 위협하는 적을 만났을 때 온몸의 가시를 곤두세운 채 몇 시간이든 버티는 것으로 유명하다. 상대가 지쳐 쓰러질 때까지, '저 놈 치사해서 안 먹고 말지'라는 심정으로 돌아설 때까지 절대로 먼저 포기하지 않는 특별한 동물이다.

키워드를 찾고 끈기를 확보하는 것과 함께 중요한 것이 있다. 바로 마음 비우기이다. 인생은 뭔가를 내 안에 채우려고 하면 자꾸만 떨어져 나가는 법이다. 반대로, 인생을 선물의 관점에서 접하면 비울수록 채워지는 마법을 경험할 수 있다.

애니메이션 영화인 〈쿵푸팬더〉에 나오는 이 대사를 보자.

There is a saying

yesterday is history

tomorrow is a mystery

but today is a gift

that is why it is called present.

이런 말이 있다.

어제는 역사

내일은 신비

하지만 오늘은 선물

이게 바로 현재란 단어에 선물의 뜻이 있는 이유

선물을 뜻하는 영어 단어 'Present'에는 놀라운 의미가 담겨져 있다. 영어권 사람들은 '선물'이라고 읽으며 '지금 이 순간'을 떠올린다. 지금 내가 갖고 있는 재능과 재산 등이 공짜로 받은 선물인 것이다. 돌려 말하면, 내게 선물을 공짜로 준 존재가 있다는 말이고, 내게도 다른 누군가에게 무언가를 공짜로 줘야 하는 의무가 생긴다는 말이다. 그래서 현재는 선물Gift이면서 의무Duty다.

이런 'Present 마인드'를 제대로 실천한 역사적 인물이 일본의 전국시대를 통일한 도쿠가와 이에야스이다. 일본에선 〈삼국지〉보다 더 유명하다는 〈대망〉을 보면 죽음을 앞둔 이에야스는 아들에게 이런 말을 남겼다. "내가 가진 모든 것은 내 것이 아니다. 신과 국민들은 잘 간수하고 키워내라고 그 모든 것을 내게 맡겼고, 이제 너에게 넘긴다. 단 한시라도 그것들이 네 것이라고 여기지 말거라." 일본의 통일이라는 대망을 품은 자에게서 물씬 풍기는 청지기 의식은 이에야스의 남다른 클래스를 보여주기에 부족함이 없다.

'지금 이 순간'을 잘 활용해 의미 있는 결과를 연출하는 구체적인 방법이 손에 잡히는가. 다시 말하지만 우물쭈물할 시간이 없다.

AI를 이기는 법, 관찰과 성찰

필자가 몸담은 중앙일보는 몇 년 전부터 더중앙플러스(더중플)라는 유료 콘텐츠 브랜드를 키우고 있다. 알다시피 포털에 나가는 일반적인 언론사 기사는 독자들이 무료로 볼 수 있다. 하지만 온라인으로 서비스되는 더중플은 개별적으로 유료 구독을 해야 읽을 수 있는 기사들을 담고 있다. 온라인 서비스는 아니지만 신문 역시 유료 독자를 대상으로 하기 때문에 중앙일보는 하루에 한 편 꼴로 더중플 콘텐츠를 지면에 소개하고 있다.

필자가 그 소개 지면을 맡은 어느 날, 이런 기사가 들어왔다. 생성 AI의 대표 격인 챗GPT에 관한 내용이었는데, 알라딘 이야기에 나오는 지니 뺨치는 생성 AI의 매력을 소개하고 있었다.

생성 AI 사용자는 이제 영어를 몰라도 된다. 챗GPT가 한글 텍스트와 음성을 다 알아듣고 필요한 답변을 척척 제시해 주기 때문이다. 이뿐이랴. AI는 숙소 예약에 그래픽 제작까지 뚝딱 해낸다. '나만의 AI비서'가 생긴 셈이다. 그런데 한 가지 애로사항이 있다. AI 정책상 로맨틱 이슈는 묻고 답하는 게 금물이라고 한다. AI가 자칫 사람의 감정에 속한 영역에 대해 엉뚱한 처방을 내릴지 모른다는 우려 때문이다.

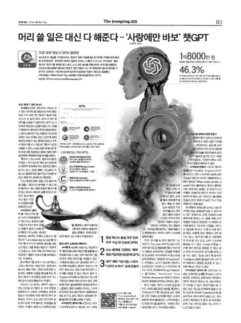

이런 내용 기사에 대한 제목을 고민하며 떠오른 첫 느낌은 척척박사 챗GPT가 사랑에는 바보라는 것이었다. 머리로 할 수 있는 건 다 할 수 있지만, 사랑은 이뤄줄 수 없는 '현대판 지니'를 머릿속으로 그리며 〈머리 쓸 일은 대신 다 해준다⋯ '사랑에만 바보' 챗GPT〉란 제목을 뽑았다.

생활 깊숙이 파고든 AI 전성시대

아닌 게 아니라 생성 AI는 이미 우리 생활 깊숙이 파고들었다. 바야흐로 AI 전성시대다. 글로벌 첨단기술의 장인 세계가전전시회CES가 AI로 도배되고, 'AI랠리'란 용어가 나올 정도로 자본시장에서 AI 기업들은 눈부신 질주를 벌이고 있다. 필자의 '밥줄'인 편집의 세계도 사정은 다르지 않다. 언론사 환경 역시 AI 열풍에 고스란히 노출돼 있다. 모든 소속 기자에게 의무적으로 AI 특강을 듣게 한 회원사가 있고, 유료 챗GPT 서비스를 개인적으로 이용할 경우에 비용을 대납해주는 회원사도 있다. 소속회사 차원의 지원이 없는 편집기자들은 자비를 들여 월정액 방식의 챗GPT 서비스를 받기도 한다.

AI 파도에 대해, 2024년 한국편집상을 수상한 봉주연 한국일보 기자는 이런 표현을 썼다. "스마트폰이 처음 나왔을 때만 해도 단순한 연장Tool에 불과했지만, 얼마 안 돼 사용자의 정체성을 확장하는 의미로서의 연장Extension이 됐다. AI를 갖고 놀며 자란 대학생들(AI세대)이 편집사회에 본격적으로 자리 잡게 되면 AI 역시 스마트폰 같은 역할을 하게 될 것이다."

정확한 진단이다. AI를 신문 제작에 활용하는 사례는 이미 일정한 성과를 보여주고 있다. 지방의 모 종합일간지는 2024년 창간 기념호의 1면과 2면 기사를 모두 AI에게 맡겼다. 기사의 목적과 취지를 챗GPT에 알려주니 10초 만에 2개 면을 채울 기사가 뚝딱 나왔다고 한다. 서울의 한 경제신문사도 같은 해에 10회에 걸쳐 게재한 기획시리즈의 삽화와 그래픽용 그림을 AI에게 발주했다. 사람이 그렸다면 열흘은 걸렸을 텐데 AI에게 맡기니 순식간에 완성됐다. 이 신문사에서는 편집기자들이 챗GPT의 도움을 받은 정보를 취재기자에게 토스해 기사 작성에도 기여한다고 한다.

한국편집기자협회가 2024년에 회원사 간사들과 함께 연 'AI시대,

편집의 새로운 시대를 열다' 세미나 결과를 보면, 언론사들은 그래픽 작업을 하거나 사진 설명을 만드는 데 AI를 적극 활용하고 있다. 하지만 제목 파트에선 "AI가 학습이 부족한 상황이라 감성적 제목 등에서 아직 사람을 뛰어넘을 수 없다"는 데 공감대가 형성돼 있었다. 다만 AI는 제목을 뽑는 데 있어 단어 대체어를 찾거나 부제 정도를 정리하는 데에는 도움을 주고 있었다. 예를 들어 '비판'의 뜻을 가진 단어를 찾고 싶을 때에는 챗GPT가 그리 실망시키지 않는다는 것이다. 한 참석자는 "AI는 질문을 반복해도 짜증을 내지 않는다"면서 "정서적이고 문학적으로 제목을 뽑아달라고 해도 꽤나 그럴싸한 답변을 제안하더라"라는 답변을 내놨다. 다른 참석자는 "AI가 최신 기사와 독자 반응, 검색 키워드 등을 분석해 관심도가 높은 주제나 어휘를 제시하고, 이를 바탕으로 편집기자가 헤드라인에 반영하는 방식으로 활용될 수 있다"고 답했다.

흥미로운 질문은 "AI가 앞으로 편집기자의 '직업'에 태클을 걸 수 있을까"였다. 대체적인 답변은 "그렇다"였다. "AI에겐 스스로 학습하는 능력이 있기에 더 진화한다면 인력 감축 등 영향을 줄 수 있다"고 세미나 참석자들은 우려했다.

AI를 이기는 비결은 관찰·성찰

이런 AI 폭풍 속에서 인간은 어떤 마인드로 살길을 헤쳐 나가야 할까. 개인적으로는 오지은 서울도서관장에게 들은 이야기에서 '인생의 내비게이션' 같은 것을 얻을 수 있었다. 전국 공공도서관장직도 맡고 있는 오 관장은 야외 도서관 콘셉트의 기획전시로 해외에서도 주목을 받고 있는 아이디어 뱅크이다. 필자는 한국편집기자협회 행사와 관련된 일 때문에 오 관장을 만날 기회를 얻을 수 있었다.

　　오 관장은 필자에게 "사람들의 니즈를 읽어내야 한다"고 말하며, 그 방법으로 '관찰'을 강조했다. "스티브 잡스가 '휴대폰과 PC의 결합'이란 니즈를 어떻게 찾아냈다고 생각하느냐"고 물은 오 관장은 "요즘은 AI나 빅데이터를 통해 통찰을 얻는다고 말하지만, 세상에 처음 나와 아직 데이터가 없는 것은 그런 방식이 불가능하다"고 잘라 말했다. 관찰을 통해 통찰에 이르는 사고를 해야 한다는 것이다. "도서관이라고 하면 무슨 생각이 나는가. 정숙하고 재미없는 공간 아닌가. 책을 읽는 행위는 즐거워야 한다. 또한 사서가 정리해준 '책의 지도'를 더 많은 시민이 접할 수 있게 해야 한다." 오 관장이 야외 도서관을 활성화시킨 것은 심도 있는 관찰을 통해 팬데믹 이후 급팽창한 시민들의 대면 욕구를 들여다봤기 때문이었다. 야외 도서관을 기획할 때 책을 주제별로 분류해서 테마에 맞게 소개하고 손을 뻗으면 바로 책을 집을 수 있게 비품 하나하나까지 신경을 썼다. 행사 초기엔 빈백을 1인용만 놨었는데, 연인들과 가족도 같이 앉을 수 있게 '커플 빈백', '가족 빈백'으로 소품을 확장시켰다. 이런 성찰의 성과들은 대박 행사로 이어지는 결과를 낳았다.

　　오 관장의 야외 도서관 기획은 AI 시대에 갈고 닦아야 할 인간의 전략에 대해 일단의 실마리를 준다. 언젠가는 할 수 있을지도 모르겠지만, 현재의 AI는 '관찰을 통한 성찰'에 약하다. 인간은 이 부분을 집중적으로 공략해야 AI와의 경쟁에서 승리할 공산이 커진다.

　　사실 AI도 '관찰'은 할 수 있다. 어쩌면 인간보다 관찰을 더 잘할 것이다. 동일한 장면을 인간과 AI가 본다면 AI의 '뇌'에 더 많은 정보가 더 정확히 남게 될 것이란 사실은 의심의 여지가 없다.

그래서 '관찰을 통한 성찰'이란 표현을 썼다. 인간은 단순히 관찰하는데 그치지 않고 성찰과 감상으로 승화시켜 세상사를 인지해 왔다. 이와 관련해 〈어른의 어휘력〉을 쓴 유선경 작가는 인간의 대화 내용 중 상당 부분이 메타포라는 데 주목한다. 대략 이런 식이다. "그녀를 처음 본 순간 종소리가 들렸어", "둘이 먹다 하나가 죽어도 모른다", "호랭이도 안 물어갈 놈", "내 눈에 흙이 들어가기 전엔 절대 안 돼"라는 표현이 있다고 해보자. 인간은 이런 말들을 말이 안 되는 줄 알면서도 단박에 알아듣지만, AI는 은유와 비유 같은 돌려 말하기에 취약하다. "나는 AI가 시를 짓고, 음악을 작곡하고, 그림 그리는 게 놀랍지 않지만 시를 읽거나 음악을 듣거나 그림이나 노을을 골똘히 감상한다고 하면 굉장히 놀랄 것 같다." 유선경 작가가 "AI는 사람의 어휘력을 능가하기 힘들다"고 단언하는 이유는 바로 여기에 있다.

언젠가 경인일보에서 〈'유리 철창'에 갇힌 여성 범죄자〉라는 제목을 본 적이 있다. 기사를 읽어보니 전국 35개 교정시설이 운영하는 직업능력개발훈련에서 수용자 성차별이 심하다는 내용을 담고 있었다. "여성 수용자가 배울 수 있는 건 음식조리, 제과제빵, 피부미용뿐이에요. 솔직히 여기서 배운 기술로 취직하긴 어렵죠"라는 시민단체의 지적이 핵심을 짚는다. 제목 글자 중에서 필자의 시선을 끈 것은 '유리 철창'이란 은유였다. 이 제목을 뽑은 편집기자는 사회적 성취의 관점에서 차별받는 여성을 대표하는 '유리 천장'이란 표현을 교도소라는 장소를 염두에 두고 '개조'했다. 이런 '관찰을 통한 성찰'을 AI가 할 수 있을까. AI가 '유리 철창'이란 표현을 계속해서 학습한다면 언젠가는 적재적소에서 '유리 철창'을 꺼낼 수 있을지 모르지만, 지금 현재로선 완벽한 인간의 승勝이다.

진정한 관찰력은 눈으로 보고 알고 미루어보고 아는, 두 가지의 '봄'과 두 가지의 '앎'이 조화를 이룰 때 극대화된다. 그리고 그런 관찰력은 아이디어의 펌프에서 물이 나오게 만드는 마중물 역할을 톡톡히 하게 된다.

〈성공하는 사람들의 7가지 관찰습관〉을 쓴 문해력 전문가 송숙희는 관찰력을 '아이디어의 펌프에서 물이 나오게 만드는 마중물'이라고 묘사한다.

1. 스티브 잡스처럼 본질을 제대로 들여다보라.
2. 리처드 브랜슨처럼 쪼개고 분석하고 섬세하게 보라.
3. 샘 월튼처럼 밀착하여 세심하게 보라.
4. 워런 버핏처럼 진득하게 지켜보라.
5. 월트 디즈니처럼 상식을 배반하고 새롭게 보라.
6. 레오나르도 다 빈치처럼 상상의 눈으로 보라.
7. 버락 오바마처럼 보이는 것 너머를 보라.

송 작가가 소개한 7가지 관찰습관은 아이디어의 강력한 펌프다. 엄청난 양의 지하수와 그 물을 끌어내기 위한 마중물, 그리고 펌프의 작동 원리가 삼박자를 이뤄야 원하는 만큼의 물을 퍼낼 수 있다. 이 과정에서 직관이 작동하는데, 직관은 중복되는 경험과 '머리싸움'을 벌이며 '정답'을 맹렬히 찾게 된다.

생각을 바꾸면 답이 보인다

또한 생각을 바꾸면 답이 보일 가능성이 높아진다. 진귀한 보석을 발견해 거액을 주고 샀는데, 처음에 보지 못한 작은 흠집을 뒤늦게 발견했다면 기분이 어떨까. 흠집 때문에 보석의 가치는 떨어질 게 뻔하다. 어느 책에서 접했는데, 이럴 때는 흠집을 없애는 길을 찾기보다 흠집을 더 내는 게 보석의 가치를 높이는 방법이 된다고 한다. 아예 마인드를 바꿔

보석에 장미꽃을 조각하는 것이다.

치열하게 들여다보고 남다르게 생각하면서 '진짜 문제'와 '진짜 해결책'을 찾는 훈련을 해야 한다. 편집의 눈은 의외의 세상을 보여준다. 상식을 해체하고 역발상의 관점에서 재구성하는 시도를 꾸준히 실행하다 보면 세상 어느 영역에서든 남다른 해결책을 발견할 수 있다. 편집에 정답이 없다는 말은 편집을 하는 방법에도 정해진 룰이 없음을 의미한다. 우리 인생의 멘토는 우리 주변에 널려있다. 공자는 "세 명이 있으면 반드시 스승이 있다"고 했다. '내 주변엔 적들밖에 없다'라고 생각된다면 반면교사反面敎師라는 말을 떠올릴 필요가 있다.

주말 오후, 카페에 앉아 망중한을 즐기고 있는데 좌석 회전율 높이기에 혈안이 된 주인이 눈치를 팍팍 준다. 이럴 때 보통 사람들은 '돈독 올랐다'고 속으로 주인을 욕하며 자리를 박찰 것이다. 하지만 새 사업을 구상 중이던 한 중년 신사의 행동은 달랐다. "장삿속이 보이지 않는 휴식 공간을 제공하면 호응이 좋겠다"고 발상을 바꾼 그는 곧바로 신촌에 10평 남짓한 카페를 연다. '민들레영토'의 지승룡 사장 얘기다.

스위스 인터넷 매장인 블랙삭스닷컴의 경우엔 구멍 난 양말에서 멘토를 찾은 케이스이다. 이 사이트의 창업자 세미 리체티는 일본인 고객 접대차 전통 찻집에 갔다가 다소간에 민망한 상황에 처했다. 신발을 벗고 보니 양말에 커다란 구멍이 나 있는 것이었다. 고객의 얘기는 도무지 들리지 않고 구멍 난 양말에만 신경이 곤두선 그는 "양말도 잡지처럼 정기적으로 배달해주는 사업을 하면 어떨까" 하는 공상에 빠져든다. 이후 '양말'과 '예약 구독'의 합성어인 삭스크립션Sockscription은 현실이 됐고,

리체티는 이 비즈니스 모델로 대성공을 거둔다.

〈마케팅 상상력〉이 전하는 이 두 사례와 유사한 경험을 필자도 최근에 했다. 야구선수인 아들과 얘기를 나누다가 역발상의 힘을 경험했다. 야구선수가 타석에 들어서서 투수의 공을 공략하는 자세에는 크게 레그킥과 토텝이 있다. 토텝이 안정적인 자세로 투수의 빠른 공을 비교적 정확하게 공략하는 타격폼인데 반해, 몸의 전진 에너지를 최대한 활용하는 레그킥은 한국 선수들처럼 서구인에 비해 힘이 적은 선수들이 애용하는 방법이다. 필자의 아들은 어릴 때부터 토텝을 주로 사용했는데, 어느 정도 성장이 된 후에 레그킥으로 타격폼을 바꾸고 싶다는 생각을 하게 됐다. 어떻게 하면 레그킥을 몸에 최대한 빨리 배게 할 수 있을까. 이런 고민을 하던 아이가 하루는 필자에게 레그킥의 동작을 설명하면서 조언을 구했다.

왼손타자인 아들   아빠도 알다시피 레그킥은 오른발을 먼저 떼 앞으로 보내면서 뒤에 있던 중심을 전진하며 치는 방식이야. 그런데 훈련을 해봐도 뭔가 자세가 딱 잡히는 느낌이 들지 않네.
아빠   이곳저곳 찾아보니 레그킥은 다리를 들면서 중심을 뒤에 실었다가 앞으로 나가는 게 핵심인 것 같더라. 오른발을 든다는 생각을 하지 말고, 왼발을 눌러준다는 생각으로 오른발을 자연스럽게 떼면 어떨까.

아들과의 대화 당시에 필자는 한창 유튜브로 골프 강의를 듣던 상황이었다. 골프는 야구처럼 타격 시에 양발을 적극적으로 떼지 않지만,

지면반력을 잘 활용하기 위해서는 두 발을 번갈아가며 누르는 전략을 잘 쓰는 게 중요하다. 동영상에서 배운 대로 연습을 좀 하다 보니, 힘을 모으기 위해 하체를 이용할 때 들어 올리는 발이 아니라 반대편의 눌러주는 발의 역할이 중요하다는 깨달음을 얻게 됐다. 혹시 그게 야구에도 도움이 될까 싶어 얘기해 줬는데, 나름 느낌이 괜찮다는 아들의 말을 들으니 어느 정도는 통한 역발상이 아니었나 싶기는 했다.

8

남달라지는 생각의 기술

"선배, 지면이 돌판을 한다는데요. 주요단(온라인 편집부에서 다음날 새벽 편집 레이아웃을 미리 짜두는 것) 새로 짜야 할 것 같아요."

밤 11시 넘어 운전대를 잡았는데 집에 도착하기도 전에 야근자 전화벨이 울린다. 얘기를 좀 듣다 보니 스피커폰으로 처리할 상황은 아닌 듯싶어 차를 갓길에 댄 뒤 스마트폰에 깔린 업무 앱을 켠다.

온라인 편집부장으로 일할 때의 일상이다. 온라인 부서에 있을 때는 집에서도, 차 안에서도, 휴가지에서도 휴대폰으로 업무를 봐야 할 일이 왕왕 생겼다. 뒤집어 보면 이런 현상은 당연하다. 머리를 돌려 가족들을 한번 보자. 집에서도, 차 안에서도, 휴가지에서도 폰을 열어 기사를 검색하고 있지 않은가.

아닌 게 아니라 '기사 편집'이라고 하면 십중팔구 포털이나 언론사 사이트의 기사 편집을 먼저 떠올리는 세상이 돼버렸다. 필자도 현재 신문 편집기자로 복귀해 일하고 있지만, 온라인 편집과 경쟁한다는 자세로 늘 업무에 임하고 있다. 그래서 편집기자는 어떤 방식으로 생각하는지 온라인 편집의 관점에서 살펴보려 한다.

기본적으로 온라인 편집은 하루 단위로 바퀴가 굴러가는 신문 편집과 다르다. 기사 조회수를 알려주는 분석기의 의미 있는 최소 시간 단위는 10분. 어떤 기사가 출고되면 늦어도 10분 안에는 홈페이지에 올라가 있어야 한다는 얘기다. 그래서일까 인터넷신문 기자들을 대상으로 한 강연에서 가장 많이 접한 질문이 '시선을 빨리 끄는 제목을 다는 방법'이었다. '어그로aggro(관심 유발을 위해 자극적인 내용을 올리는 일)를 끄는 제목을 지양해야 한다'는 사실을 잘 알고 있지만, 그 유혹에 늘 노출되어 있는 존재들이 바로 온라인 편집기자이다.

잘 뽑힌 온라인 제목은 신문의 주 제목과 문패 제목이 잘 결합된 경우가 많다. 칼로 무 베듯 명확한 것은 아니지만, 기사의 상황과 맥락을 보여주는 문패 제목이 '제목 한 줄'에 포함될 때 제목은 제대로 찍힌 좌표를 따라 포털의 바다에서 순항을 할 수 있다. 예를 들어, 대형마트들이 신선식품을 전면에 배치해 매출 증대 효과를 봤다는 내용의 기사가 있다고 해보자. 신문에선 〈대형마트 '신선한' 변신… 신선식품 전면 내세워 꿀맛 매출〉이란 제목 아래 〈불황 탈출 돌파구〉란 문패 제목이 달릴 수 있다. 이걸 온라인에선 한 줄로 합치는 것이다. 〈대형마트 불황 탈출 돌파구, 신선식품 전면 내세워 꿀맛 매출〉식으로 말이다.

온라인 편집 '마법의 치트 키'

한 가지 유념할 것은 문패가 기사의 자리만 잡아주는 역할인 신문에서와 달리 온라인 특화 형태로 진화돼야 한다는 사실이다. 이른바 마법의 치트 키cheat key이다. '딱', '전말', '정체', '기적', '분노', '이유', '쇼크', '왜', '희한한', '진실', '결정타', '폭로', '묘한', '사실상' 등의 치트 키가 온라인 제목에선 폭넓게 활용될 수 있다. 온라인 세상에서 편집기자는 과감하고 화끈해져야 한다.

오해는 금물이다. 온라인 제목이 '준 낚시성'의 치트 키에만 의존하는 것은 아니다. 치트 키는 팩트가 동반될 때 콘셉트가 있는 제목으로 승화된다. 중앙일보 유료화 콘텐트인 더중앙플러스에서 조회수가 많은 기사의 제목들을 분석해본 적이 있다. 제목에 빈번하게 사용되는 '비밀'과 '오열', '지옥'과 '꿀팁'은 그 치트 키의 의미를 납득시킬 만한 팩트와 멘트를 동반하고 있었다. 사실 '치트 키+팩트 제목'으로 독자를 유혹하는 온라인 상황은 다양하고 신선한 제목을 실험해 보기에 더할 나위 없이 좋은 환경을 제공한다. 온라인 제목은 즉각적인 독자 반응(PV와 댓글 등)을 확인할 수 있다.

서술 말고 묘사하라 / 논문 제목이 아닌 술자리 제목을 만들어라 / 사람(특히 셀럽)을 등장시켜라 / 하나만 얘기하라. 하지만 좀 더 자세히 설명하라 / 뒤집어라, 맞세워라 / 분노 유발 땐 그 대상을 적시하라

신문 편집기자로 일하면서, 초년병 시절에 배운 위와 같은 '편집의

ABC'가 실전에서 얼마나 효과가 있는지 궁금증을 가져본 적이 많았다. 좀 더 참신하고 새로운 제목 시도를 했을 때 독자들이 얼마나 호응하는지 알고 싶기도 했다. 하지만 신문이란 매체의 특성상 쌍방향 소통은 제한적이다. 신문을 읽는 독자들을 개인적으로 찾아다니며 묻지 않는 한 편집 임팩트를 확인하기가 쉽지 않다.

하지만 온라인에선 그게 바로 된다. 취재기자의 가제假題를 그대로 포털로 흘러보냈을 때와 주니어 편집기자가 제목을 만졌을 때, 혹은 그 제목을 시니어 편집기자가 보완했을 때의 성적표가 극명하게 드러난다. 그런 자극들이 편집기자를 더 겸손하게 하고, 더 공부에 매진하게 만든다.

편집기자가 더 치열하게 공부하고 노력해야 한다는 얘기는 이미 15년 전에 스티브 잡스가 월스트리트저널이 주최한 콘퍼런스에서 했다. "뉴스를 모으고 편집하는 조직이 그 어느 때보다 중요하다. 나는 미국이 블로거들의 세상이 되는 것을 원치 않는다. 과거 어느 때보다도 편집자가 중요한 세상이 되었다"는 얘기를 하면서 잡스는 "신문사 편집국이 좌우하던 편집의 영역이 온라인 매체의 편집자들로 확장됐다"고 단언했다. 정보 과잉의 시대에 커진 편집의 위력을 짚어낸 것이다. 이 말을 한 게 2010년이니 지금 편집의 힘이 더 커졌음은 두말할 나위가 없다.

편집의 대가 김용옥·이어령 전략

편집학에 대해 연구한 문화심리학자 김정운 교수의 〈에디톨로지〉란 책에서 재미난 내용을 접한 적이 있다. 우리나라에서 손꼽을 수 있는 편집의 대가는 누구일까. 5초만 생각해보자. 머릿속에 떠오른 인물 중에 혹시 김용옥 교수와 고故 이어령 교수가 있는지 모르겠다. 김정운 교수는 이 두 석학의 '편집'에 주목한다.

　김용옥의 편집은 '크로스 텍스트' 편집이다. 현상을 해석하고 재구성하는 편집자 김용옥에게는 동양고전이란 막강한 무기가 있다. 해석의 근거가 되는 텍스트가 무한하기 때문에 어떤 콘텍스트(맥락)를 만나든지 편집된 세상이 늘 새로울 수 있다. 개신교 목사님과 천주교 신부님, 그리고 불교 스님들이 했던 얘기를 또 할 수 있는 이치와 맥을 같이 한다. 하지만 크로스 텍스트에는 한계가 있다. 해석의 근거가 되는 텍스트를 떠난 발언은 자칫 '구라'가 될 개연성이 비교적 높다. 반면, 이어령의 편집은 '하이퍼 텍스트'를 지향한다. 이어령 교수는 텍스트를 우물이나 저수지처럼 쓰지 않는다. 완전히 새로운 텍스트를 위해 기존의 텍스트를 해체해 버린다. 키워드는 선택과 결합이다.

　아날로그와 디지털을 두 석학이 설명한다고 해보자. 김용옥이라면 아날로그를 끌어들여 디지털을 어떻게든 설명하려 들겠지만, 이어령은 해체와 재구성을 통해 '디지로그digilog' 개념을 창출해 버린다.

　젊은 시절, 무릎을 탁 치게 만든 신문 제목을 본 적이 있다. 〈사랑은 아껴주는 거야〉였는데, 이 제목이 재테크 면에 있다는 사실에 필자는 감탄을 금할 수 없었다. 기사는 "밸런타인데이 때 '아낌없는 사랑'은 그만두자. 사랑은 돈을 아껴주는 거다"라고 말한다. 일상적으로 쓰는 표현에서 글자 한 자 손대지 않고도 편집기자는 전혀 다른 의미의 제목을 멋지게 만들어냈다. 이런 게 바로 이어령식 하이퍼 텍스트 편집 아닐까. 편집기자로 생활해 보니 어떤 상황에서도 통할 수 있는 편집의 자세는 크로스 텍스트가 아닌 하이퍼 텍스트였다.

편집도 해체와 재구성을 위한 통합적 사고를 요구한다. 인간의 엄지손가락은 그 자체만으로도 많은 일을 할 수 있지만, 나머지 네 손가락과 통합적으로 함께 움직일 때 더 큰 역할을 할 수 있다. 제목달기 역시 통합적 사고를 거칠 때 완성도가 배가된다.

볼 줄 알아야 통찰력 생겨

통찰력은 무엇을 볼 줄 아느냐에 따라 성과가 천차만별이다. 본다는 것은 눈으로도 가능하고, 머리나 마음으로도 가능하다. 한국의 1호 시각장애인 판사는 최영 재판관이다. 그는 법대에 다니던 중 망막색소변성증으로 시력을 잃었지만 각고의 노력 끝에 사법고시에 합격했다. 사법연수원도 우수한 성적으로 수료해 끝내 원하던 판사가 됐다. 그분의 이야기를 신문 제목으로 뽑아야 하는 순간 필자의 머릿속엔 이 한마디가 떠올랐다. 〈제 눈에는 진실만 보입니다〉. 최영 판사는 비록 육신적 눈으로는 아무것도 볼 수 없지만 진실을 보는 눈을 가졌다. 그러니 '법의 눈'으로 세상사를 판단하는 재판을 할 수 있게 된 것이다.

강영우 박사 역시 시각장애인의 핸디캡을 뚫고 한세상 멋지게 사신 분이다. 강 박사는 중학생 때 사고로 실명을 했고, 이어 가족을 모두 잃어 고아까지 됐다. 하지만 고난과 역경을 딛고 대학을 졸업한 후 미국 유학까지 가게 됐다. 1976년에는 우리나라 최초의 시각장애인 박사가 됐다. 그리고 미국의 대통령 특별보좌관 자리에까지 올랐다. 이 분이 세상을 떠나기 전 마지막으로 쓴 책의 제목이 뭔지 아는가. 〈내 눈에는 희망만 보였다〉였다.

그들은 육신의 눈이 제 기능을 잃어도 비전을 보는 눈을 가지고 있었기 때문에 진실도 보고 희망을 볼 수 있는 것이다. '비전을 본다'는 것은 이렇게 중요하다. 비전은 반드시 성취된다는 소망과 희망, 그리고 의지가 담긴 꿈이기 때문이다.

사람은 보는 만큼만 보인다. '무지개가 몇 가지 색일까'라는 질문에 대부분은 "빨주노초파남보 일곱 색깔"이라고 답할 것이다. 그런데 옛날 그리스의 철학자 크세노폰은 무지개를 네 가지 색깔로 봤다. 아리스토텔레스는 다섯 색깔로 봤고, 로마시대의 세네카는 여섯 색깔이라고 말했다. 동양에서도 오색 무지개란 표현이 자주 나온다. 또 조각을 잘 하기로 유명한 아프리카의 쇼나족은 무지개엔 붉은 계통과 푸른 계통의 두 색깔만 있다고 믿는다. 우리가 아는 일곱 색깔 무지개는 뉴턴이 처음으로 얘기했다. 뉴턴은 과학자이면서 동시에 하나님을 잘 믿는 크리스천이었는데, 어느 날 빛을 분광기에 대고 보니 일곱 빛깔로 보이는 것이었다. 하나님이 7일 만에 천지를 창조하신 것이 연상된 것이다. 그때 이후로 대개의 과학자들과 일반인들은 무지개에서 일곱 색깔을 '볼 수 있게' 됐다.

태양의 색깔도 마찬가지다. 스케치북에 태양을 그릴 때 한국과 일본 아이들은 대부분 빨갛게 칠한다. 그런데 서양 아이들은 해를 오렌지빛으로 노랗게 그리고, 중국 학생들은 하얗게 그린다. 무엇을 보느냐 만큼이나 어떻게 보느냐도 중요하다는 사실을 알 수 있다.

기사는 '글', 제목은 '말'

편집기자는 '세상을 담은 기사'를 어떻게 보면서 일을 하고 있을까. 또 기사를 읽으며 무엇을 보려고 노력할까. 신문에 실리거나 온라인에 나가는 기사의 양은 천차만별이다. 한 문장짜리 속보 기사도 있고, 1000자 안팎의 비교적 짧은 기사들도 많이 있지만, 뭔가 좀 분석해보겠다고 나선 기사들은 수천 자를 넘기는 경우도 왕왕 발생한다. 편집기자는 이런 기사의 홍수 속에서 '하나'를 보려고 노력한다. 그 하나는 바로 핵심 메시지이다. '이 기사는 한 마디로 뭘까. 취재기자는 이 긴 기사를 통해 어떤 핵심을 전달하고 싶어하는가.' 편집기자는 이런 내면의 잣대를 염두에 둔 채 기사를 읽으며 '하나'를 보려고 노력한다.

기사는 '글'이지만 제목은 '말'이다. "카피는 99%의 싱크think와 1%의 잉크ink로 쓰여진다"는 카피라이터 헬 스테빈즈의 표현은 과장이 아니다. 편집기자는 '잉크'보다는 '싱크'를 충분히 활용하면서 자신만의 제목 어법으로 기사의 한 마디를 찾는다.

비전을 품은 한 마디 제목은 기본적으로 헤드라인이어야 한다. 흔히 제목, 타이틀 등과 혼용해서 쓰는 헤드라인은 글자 그대로 풀자면 기사의 첫 라인이지만 기사가 아닌 제목이다. 기사의 관문을 넘어 기사의 핵심을 담고 있어야 한다는 얘기다. 보고서나 감상문 등에서 주제를 보여주는 타이틀과는 다른 개념이다.

편집기자들은 헤드라인 혹은 제목의 3가지 핵심을 의미와 재미, 흥미로 보는데 세 단어 모두가 '미'자로 끝나기 때문에 흔히 '제목의 3미'라고 부른다. 먼저, 의미는 제목이 헤드라인이란 사실과 밀접히 관련된다. 제목은 그 자체로 뉴스여야 한다. 기사가 말하고자 하는 핵심 팩트 내지 핵심 메시지를 제목은 담고 있어야 한다.

두 번째로, 재미는 '말맛'과 관련된 개념이다. 온라인 시대를 맞아 언론의 기사 경쟁이 치열한데, 같은 기사를 읽고도 다른 맛과 깊이를 보여줄 수 있는 제목의 중요성이 커졌다고도 볼 수 있다. 제목은 그 자체로 읽는 재미를 줘야 한다. 한국편집기자협회의 상을 받은 〈가슴 답답한 재회 가슴 먹먹한 이별〉이나 〈5분만에 골 터지고… 85분 동안 속 터지고…〉 같은 제목을 보라. 의미와 함께 재미도 있는 제목은 한번 읽으면 입에 착착 달라붙는 접착제 제목이 된다.

마지막으로, 제목은 흥미를 유발해야 한다. 흥미는 기사의 맥이다. 모든 기사에는 탄생의 배경이란 게 존재한다. 기사는 사건과 사고, 이벤트의 결과물이기 때문에 어떤 상황과 맥락에서 이 기사가 나왔는지가 중요하다. 그 맥락을 정확히 짚어주는 제목은 기사의 매력도를 끌어올려 읽고 싶다는 독자의 감정을 더 크게 유발시킨다.

필자가 의미와 재미, 흥미 관점에서 흥미롭게 본 신문 지면이 하나 있다. 경기일보에서 본 제목인데 '의사소통 장애를 겪는 학생은 늘고 있지만 학교에 배치된 언어재활사는 턱없이 부족한 현실'을 고발한 기사를 바탕으로 하고 있었다. 이 기사의 제목은 〈학교 언어재활사 고작 4명…

학교 언어재활사 고작 4명 아이들 말을 잇지 못했다

도내 재활 희망 학생 4천명 넘어
인력 부족에 年 30여명만 치료
코로나 영향… 인력 충원 필요
도교육청 "배치 의무사항 아냐"

경기도내 의사소통 장애를 겪는 학생은 늘어나고 있지만 학교에 배치된 언어재활사는 턱없이 부족한 것으로 나타났다. 언어재활을 희망하는 도내 학생 수가 4천명을 넘어섰지만 언어재활사 부족으로 재활을 받을 수 있는 학생은 300여명에 그치는 것으로 나타나 대책 마련이 시급하다.

13일 교육부와 한국언어재활사협회 등에 따르면 학교 언어재활사는 의사소통, 읽기 쓰기 등에 문제를 보이는 학생들을 발굴·진단하고 언어치료를 담당한다. 아울러 재활사는 방과후 학교 (순회 치료 등의 방식으로 재활 치료를 한다.

올해 기준 경기도내 초·중·고 특수교육대상자 중 언어재활을 지원한 학생 수는 총 4천767명이다. 이 같은 언어재활 지원 학생은 코로나19를 겪으며 급증했다. 마스크를 착용하거나 대면하지 않으면서 의사소통의 기회가 줄었기 때문이다. 이 때문에 지난 2021년 743명에 그친 도내 언어재활 지원 학생은 2022년 4천223명으로 늘었고, 올해도 역시 증가했다.

의사소통 장애 학생 수 또한 매년 늘어나고 있다. 최근 5년 도내 특수교육대상 학생 중 의사소통에 장애를 가진 학생은 2018년 345명, 2019년 402명, 2020년 527명, 2021년 546명, 2022년 606명으로 꾸준히 증가하고 있다.

이에 비해 경기지역 초·중·고교에서 활동 중인 언어재활사 수는 단 4명에 그친다. 경기지역에서 활동하는 이진영 언어재활사(가명·36·여)는 "언어재활이 필요한 학생들을 조기에 발견하는 것이 가장 중요하다. 의사소통의 문제를 넘어 학습, 교우관계, 학교 생활 등의 문제로 번질 수 있기 때문"이라며 "매년 언어재활을 지원하는 학생은 한 지역당 평균 60~70명에 이르지만 언어재활사가 부족해 1년에 1명당 8명만 한정적으로 재활을 받을 수밖에 없는 상황"이라고 어려움을 토로했다.

이에 이은경 동신대 언어치료학과 교수(한국언어재활사협회장)는 "장애를 가진 학생뿐만 아니라 코로나19 등으로 의사소통이 원활하지 않은 학생이 늘어나고 있는 만큼 학생들이 부족함 없이 교육을 받을 수 있도록 학교 내 언어재활사를 늘릴 필요가 있다"고 강조했다.

이와 관련, 경기도교육청 관계자는 "언어재활사 학교 배치는 의무사항이 아닌 만큼 현재까지 언어재활사를 추가 배치할 계획은 없다"고 말했다.

김은진기자

아이들 말을 잇지 못했다〉였다. 의사소통이 기본적으로 말을 이어가는 것 아닌가. 그런 능력을 키워야 할 장애 학생이 경기도에만 4000명 넘게 있는데 학교별로 배정된 언어재활사는 평균 4명에 불과하다. 재활사 인력 부족에 치료받는 학생 수는 해마다 30여 명에 불과하다고 기사는 고발한다. 이럴 때 제목은 드러난 현상뿐 아니라 현상의 사회적 의미까지 담아줘야 좀 더 명쾌해진다. 해당 지면의 편집기자는 '말을 이을 수 없는 학생'이란 현실을 '너무나 어처구니없는 현실에 말을 이을 수 없다'는 메시지로 확장시켜 의미와 재미, 흥미를 모두 챙기는 해법을 제시했다.

유대인의 지혜의 원천인 〈탈무드〉에 이런 얘기가 나온다. 두 청년이 같이 굴뚝 청소를 했다. 다 하고 나니 한 청년은 얼굴이 시커매졌는데 다른 청년은 얼굴에 전혀 때가 묻지 않았다. 두 청년이 서로의 얼굴을 쳐다봤다. 과연 둘 중에 누가 얼굴을 씻었을 것 같은가. 예상대로 얼굴이 하얀 청년이 세면대로 갔을 확률이 높다. 앞서 얘기했듯이 사람은 보이는 대로 판단하게 돼 있다.

인생을 굴뚝 청소에 비유한다면 우리는 우리의 상태가 어떤지 알 수 있는 비전의 눈을 떠야 한다. 비전이 없으면 인생의 시각장애인이 될 수밖에 없다. 더치 쉬츠 목사가 쓴 〈꿈꾸는 본성을 깨우라〉에 이런 구절이 나온다. "꿈이 없는 인생은 위성신호가 끊긴 GPS와 같다." 꿈과 비전이 없는 사람들은 먹통 내비게이션을 차에 장착하고 있는 것과 같아서 인생의 고속도로를 아무리 열심히 달려도 절대 목적지에 도달할 수 없다.

교회 설교시간에 들은 얘기를 소개한다. 미국의 한 프로골퍼가 사우디아라비아의 국왕에게 골프대회 초청장을 받았다. 사우디에서 국왕이 골프대회를 여는 데 참가해 달라는 것이었다. 국왕의 전용기까지 미국에 보내준다고 하니 그 골퍼는 사우디로 룰루랄라 날아갔고, 대회를 성공리에 다 마쳤다. 프로골퍼가 미국으로 돌아가려고 하는데 국왕이 "덕분에 대회를 멋지게 치렀다"면서 선물을 하나 주고 싶다고 말했다. 골퍼는 뭘 달라고 할까 잠시 고민하다, 자기가 골프클럽을 수집하니 그거 하나만 달라고 요청했다. '금이 박힌 드라이버를 줄까, 아니면 다이아몬드로 만들어진 명품 아이언을 줄까,' 프로골퍼는 국왕의 선물이 뭘지 내심 기대를 했다. 몇 달이 지나 국왕으로부터 편지 한 통이 왔다. 골퍼는 골프클럽은 안 오고 웬 편지냐고 투덜거리며 봉투를 열었다. 그런데 놀랍게도 봉투 안에는 미국의 엄청 큰 골프장 소유권이 들어있었다. 한국말로 하면 땅문서인 셈이었다. 영어로 골프클럽이란 단어에는 골프채의 뜻도 있지만 골프장의 의미도 있다. 골프클럽이란 단어를 들으면 프로골퍼는 겨우 골프채 정도밖에 생각하지 못하지만, 국왕은 골프장을 떠올린다. 한마디로 차원이 다른 것이다.

비전은 인내의 결실

또 한 가지 유념할 점은 비전의 성취는 인내의 결실이란 사실이다. 울어야 하는 새가 울지 않을 때 어떻게 하면 좋을까. 일본의 과거 영웅인 오다 노부나가는 새가 울지 않으면 그 자리에서 목을 쳐 버렸다고 한다. 또 임진왜란을 일으킨 도요토미 히데요시는 수단과 방법을 가리지 않고 새를 울게 만들었다. 그런데 일본을 완전하게 통일한 도쿠가와 이에야스는 새가 울 때까지 묵묵히 기다리는 사람이었다고 한다.

성경에 나오는 겨자씨 비유는 교회를 다니지 않는 사람들도 많이 아는 이야기이다. 예수는 "믿음이 겨자씨 한 알 만큼만 있어 이 산을 명하여 여기서 저기로 옮겨지라 하면 옮겨질 것"이라고 말했다. '비전을 보고 믿음을 가지면 이 산을 저쪽으로 옮길 수도 있다'는 얘기와 크게 다르지 않다. 우공이산愚公移山이란 고사성어에 빗대면, 신공이산信公移山이라고 할 수 있겠다. 하지만 예수는 이 메시지를 전할 때 산을 옮기는데 시간이 얼마나 걸릴지에 대한 언급은 안 했다. 이게 무슨 의미일까. 비전의 성취는 인내를 요구한다. 기독교인들에게 하나님의 때를 기다리며 묵묵히 자신의 발걸음을 내딛는 믿음이 필요하듯, 편집하는 사람은 새가 울 때까지 기다리는 도쿠가와 이에야스처럼 비전과 인내의 내공을 갖춰야 한다.

이때 한 가지 기억해야 할 점은 비전은 보려고 노력하되 판단은 보이는 대로 해서는 안 된다는 사실이다. 편집의 최대 적은 선입견이다. 끝까지 긴장의 끈을 놓지 않고 맥락을 읽고 내막을 파헤치려는 자세가 필요하다. 이와 관련해서 한 목사님과 한 스님의 일화를 각각 소개한다.

영국의 찰스 스펄전 목사는 생전에 '설교의 황태자'란 소리를 들었다. 그 목사 부부는 암탉을 몇 마리 길렀는데 닭이 알을 낳으면 꼭 돈을 받고 팔았다. 사람들은 저 유명한 목사가 몇 푼이나 받는다고 계란을 파는지 의아해했다. 그러면서 구두쇠라고 헐뜯었지만 목사 부부는 대꾸하지 않았다. 스펄전 목사 부인이 죽었을 때 장례식에 온 가난한 과부 두 사람이 서럽게 울었다. 사람들이 그 이유를 묻자 "목사님과 부인께서 계란 판 돈을 전부 생활비로 쓰라고 주셨다"고 했다. 스펄전 목사의 구두쇠 삶은 "네 구제함이 은밀하게 하라. 은밀한 중에 보시는 너의 아버지께서 갚으시리라"는 성경 구절의 실천이었던 것이다.

법정 스님도 누구에게 잘 보이려고 산 분이 아니다. 생전에 베스트셀러를 많이 쓴 법정 스님은 초가 하나를 지어 놓고 '무소유'로 살았다. 스님은 때때로 출판사에 전화를 해서 "인세를 빨리 입금해 달라"고 했다. 출판사 사장은 스님이 말로만 무소유라 하고 뒤로는 돈 쓰는 재미에 빠진 것 아닌가 오해를 했다고 한다. 그런데 스님이 세상을 떠나고 나서야 내막을 알았다. 스님이 어려운 학생들 학비를 대고 있었는데 등록금 낼 때가 되어서 독촉을 했다는 것이다.

선입견에 사로잡혀 변곡점을 알아보지 못하는 사례는 비단 보통 사람들만의 케이스에만 국한되지 않는다. 인류의 역사를 단 세 개의 키워드로 통찰력 있게 분석한 〈총·균·쇠〉를 보면 현대의 가장 위대한 발명가라는 토머스 에디슨의 오판이 흥미롭게 그려져 있다.

에디슨이 1877년 축음기를 발명했을 때 그는 열 가지 용도를 제시했다. 거기에는 죽어가는 사람의 마지막 말을 보존하는 일, 시각 장애자들이 들을 수 있도록 책을 녹음하는 일, 시간을 알려주는 일, 철자법을 가르치는 일 등이 포함되어 있었다. 우리가 아는 음악을 재생하는 일은 에디슨이 제시한 우선순위에서 상위권에 들지도 못했다. 그리고 몇 년 후 에디슨은 자신의 발명품에 상업적인 가치가 없다고 조수에게 말했다. 그러나 다시 몇 년 후에는 마음을 바꿔 축음기 판매사업을 시작했다.

그런데 그 용도는 사무용 구술 기계였다. 다른 기업가들이 축음기를 이용하여 동전을 넣으면 대중음악이 흘러나오는 주크박스를 만들어냈을 때 에디슨은 자기 발명품이 사무용이라는 중요한 용도를 벗어나서 사용되는 데에 반대했다. 그 후 20년이 흐른 후에야 비로소 에디슨도 축음기의 주된 용도가 음악을 녹음하고 재생하는 일이라는 것에 마지못해 동의했다.

오늘날 인류에게 '최고의 발'을 선사하는 자동차도 처음 나왔을 때에는 '될 만한 물건'으로 대접받지 못했다. 최초의 가스 기관을 만든 니콜라우스 오토는 미래에 자동차가 인류를 어떻게 바꿀지 전혀 상상하지 못했다. 1866년 당시 사람들이 육상 운송에 말을 이용한 지는 이미 6000년에 가까워지고 있었다. 그 말도 수십 년에 걸쳐 차츰 증기 기관을 이용하는 철도로 대체되는 중이었다. 말은 얼마든지 구할 수 있었고, 철도에 대해서도 불만 따위는 없었다. 오토가 만든 엔진은 힘이 약하고 무겁고 높이는 2.1m에 달하여 결코 말보다 호감이 가는 물건은 아니었다. 그 후 개량을 거듭하여 1885년에 이르러서야 비로소 고틀리프 다임러가 자전거에 이 엔진을 설치하여 최초의 오토바이를 만들었고, 그는 다시 1896년에야 최초의 트럭을 만들 수 있었다.

이러한 사례를 보면 알 수 있듯이 비전의 눈은 최대한 크게 떠야 하지만, 판단의 눈은 최대한 늦게 떠야 한다.

9

4차원을 돌파하라

3차원 세상을 사는 인간은 4차원을 알 수 없다. 하지만 머리로 4차원을 그려볼 수는 있다. 창조 대가들의 13가지 생각 도구를 파헤친 〈생각의 탄생〉이란 책에 보면 차원에 대한 얘기가 나온다. 점은 무차원이고, 선은 1차원, 면은 2차원, 입체는 3차원이다. 무차원은 꼭짓점 1개, 1차원은 꼭짓점 2개, 2차원은 꼭짓점 4개와 각 4개로 이뤄져 있다. 그리고 3차원은 꼭짓점 8개와 각 8개, 면 6개로 돼 있다. 이걸 유심히 들여다보면 4차원엔 꼭짓점이 16개, 각이 16개 있을 것이란 예측이 가능하다.

머릿속으로 그림을 한번 그려보자. 1차원은 2개의 0차원적 점이 핵심이고, 2차원은 4개의 1차원적 선이 핵심이다. 그리고 3차원은 6개의 2차원적 면이 핵심이다. 그럼 4차원은 무엇이 핵심일까. 8개의 3차원적 입방체일 것이라는 추정이 가능하다. 쉽게 말해, 한 번씩은 맞춰봤던 큐브 8개를 잘 배치하고 꼭짓점과 각을 각각 16개씩 만들어내면 4차원 세상을 그려볼 수도 있다는 얘기이다. 아직은 이 세상 누구도 4차원을 정확하게 이해하고 설명해내지 못했지만, 4차원의 존재 자체를 인정할 수는 있다.

이처럼 다른 차원이 있듯이 차원이 다른 생각도 있다. 그리고 차원이 다른 사고는 차원이 다른 결과를 낳는다. 일본에서 사과 과수원을 운영하는 한 농부 얘기가 대표적이다. 갑자기 쏟아진 폭우 때문에 사과의 90%가 땅에 떨어져 버렸다. 사과를 팔아 자식들을 공부시키고 빌린 돈도 갚고 해야 하는데 팔아야 할 사과가 10분의 1로 줄어든 것이다. 처음에는 울고불고 난리가 났지만, 농부는 결국 돈을 엄청 많이 벌었다. 어떻게 된 걸까.

농부는 폭우에도 떨어지지 않고 나뭇가지에 붙어있던 10%의 사과를 '떨어지지 않는 사과'라고 이름 붙여 대입 수험생들에게 20배 높은 가격에 팔았다. 시험에 떨어지고 싶지 않은 수험생에게 힘과 희망을 줄 수 있는 '떨어지지 않는 사과'는 비싼 가격에도 불구하고 불티나게 팔려나갔다.

성과 창출 전문가인 류랑도의 〈일을 했으면 성과를 내라〉는 상대방의 '원츠wants'를 간파하는 게 중요하다고 말한다. 일의 목적이 무엇인지, 이 일을 하는 배경은 무엇인지, 일이 완성되었을 때의 상태가 어떤 모습인지 구체적으로 알아야 한다. 사람들의 관심은 '누가, 무엇을, 어떻게, 어디서, 언제, 얼마나'에 쏠려 있지만, 정작 현실에서 위력을 발휘하는 것은 '왜'다. 우선 '왜'를 물어 답을 얻은 뒤에 '무엇을', '어떻게' 등으로 질문의 범위를 넓혀가는 게 맞다.

'어떻게'보다는 '왜'가 우선

학자들이 주로 언급하는 '프레임'이란 마음의 창 이론에서도 '어떻게'보다는 '왜'가 중시된다. 프레임의 범주엔 어떤 문제를 바라보는 관점, 세상을 향한 마인드셋, 세상에 대한 은유, 사람들에 대한 고정관념 등이 모두 포함된다. 어떤 문제나 상황을 만났을 때 '어떻게'에 신경을 쓰는 사람은 하위 프레임을 가진 사람이다. 그들은 늘 그 일을 하기가 쉬운지 어려운지, 시간은 얼마나 걸리는지, 성공 가능성은 얼마나 되는지 등의 구체적인 절차만 묻는다. 반면 '왜'에 주목하는 사람은 상위 프레임을 가진 사람이다. 이들은 왜 그 일이 필요한지 이유와 의미, 목표를 묻고 비전을 확인해서 이상을 세운다.

최인철 교수가 쓴 〈프레임〉에 보면 벽돌장이 예시가 나온다. 무슨 일을 하고 있느냐는 질문에 "벽돌 작업을 하고 있다"라고 말하는 사람은 하위 수준 프레임으로 일을 하는 것이고, "아름다운 성당을 짓고 있다"라고 말하는 사람은 상위 수준 프레임으로 일을 하는 것이다. 상위 수준의 프레임을 갖고 있는 사람은 보다 큰 그림을 그리고 있기에 'Yes'라는 대답을 자주 하고, 하위 수준의 프레임을 갖고 있는 사람은 'No'라는 반대의 대답을 자주 한다.

'Yes'와 'No' 대답과 관련해서 재미있는 분석을 한 책이 있다. 조직 내 구성원을 팬fan과 에이전트agent, 헬퍼helper로 구분하는 〈성공하는 30대의 리더십, 헬퍼십〉은 "개인적인 성취에 관심이 큰 에이전트agent보다는 리더와 함께 비전을 성취하고 궁극적으로 탁월한 리더로 자라가는 헬퍼helper가 되어야 한다"고 주장한다. 통상적으로 사람들은 "명장 밑에 약줄 없다"고 말하지만, 헬퍼십의 가치를 높이 사는 브랜드 전문가 권민은 "명줄 위에 약장 없다"고 잘라 말한다. 리더를 리더 되게 하는 팔로워 follower(추종자)로 지내다가, 자신이 리더가 되었을 때는 이전의 자신과 같은 팔로워를 찾아내는 헬퍼는 조직의 명운을 좌우하는 중요한 존재인 것이다.

그렇다면 나는 헬퍼인가, 팬인가, 에이전트인가. 이를 간단히 알 수 있는 '리트머스 시험지'가 있다. 책은 "리더가 회사 비전과 다른 방향의 일을 시켰을 때 어떻게 할 것인가"를 자문해 보라고 말한다. 리더의 지시에 "언제when 할까요, 당장 할까요"라고 반응하면 영락없는 팬이다. 또 "어떻게how 할까요"라고 응한다면 에이전트 성향이 강한 팔로워다. 하지만 헬퍼는 "왜why 하느냐"고 되묻는다. 순간적으로는 리더의 기분을 나쁘게 할 수 있지만, 헬퍼는 조직의 비전이 최우선가치이기 때문에 리더의 면전에서도 당당할 수 있다.

예 할 때는 예, 아니오 할 때는 아니오를 눈치 안 보고 던질 수 있어야 한다. "리더가 비전을 향해 가다가 쓰러지거나 낙담할 때 팬은 리더를 따라 비전을 버리고, 에이전트는 성과를 따라 리더를 버리지만, 헬퍼는 두 가지 모두를 잃지 않기 위해 최선을 다한다"는 구절은 팬의 복종심, 에이전트의 조직생활 예절과는 다른 헬퍼의 충성심을 단적으로 보여준다.

아파트라는 주택이 처음 나왔을 때, 한 아파트 관리인이 주민들로부터 항의를 많이 받았다고 한다. 항의 내용은 엘리베이터 속도였다. 엘리베이터가 너무 느려 집까지 올라가는데 지루하다는 것이었다. 관리인은 난처했다. 엘리베이터 속도를 높이려면 관청에 신청서를 내서 다시 허가를 받아야 하고, 안전하게 속도를 높이려면 돈도 많이 들기 때문이었다. 그렇다고 주민들의 민원을 마냥 무시할 수도 없다. 그런데 엘리베이터 속도를 그대로 둔 채로 그는 멋지게 그 문제를 해결했다. 비결은 거울이었다. 관리인은 엘리베이터 안에 큰 거울을 걸었다. 주민들은 엘리베이터 속도에 대해 얘기했지만 진짜 원했던 것은 지루하지 않게 되는 것이었다. 거울을 보며 머리를 매만지고 또 이런저런 장난도 쳐보고…. 그런 재미난 일을 할 수 있게 되자 민원이 쑥 들어갔다.

생각하기를 포기하지 말라

차원이 다른 사고의 두 번째 핵심은 '질문을 바꿔보기'이다. 더운 여름날 아버지가 덥다고 창문을 열라고 하는데, 어머니는 모기 들어온다고 창문을 닫으라고 요청한다. 이런 상황에서 어떤 결정을 내려야 할까. '아빠가 더 무서우니까 창문 열어야지'라고 하거나 '난 엄마가 더 좋으니까 창문을 닫을래'라고 판단한다면 질서를 깨는 것이다. 만일 이 집에 방충망을 단다면 어떨까. 창문을 열 수 있으니 아빠도 좋고, 모기가 안 들어오니 엄마도 웃는 상황이 연출될 것이다.

우리가 많이 쓰는 포스트잇은 이런 지혜로운 과정을 거쳐 나온 발명품이다. 포스트잇의 원래 용도는 물체를 잘 붙이는 풀이었다. 그런데 포스트잇을 만드는 회사의 제품은 다른 경쟁회사의 제품에 비해 접착력이 현저히 떨어졌다. 기술력이 떨어져 풀의 성능을 더 높일 수도 없고 해서 고민했는데, 아예 용도를 바꾸면 어떨까 하는 생각이 들었다. 붙이기만 하는 풀이 아니라 붙였다 뗐다 할 수 있는 메모지로 발상을 전환했다.

그러자 오히려 더 큰 대박이 터졌다.

필자에겐 윤명철 교수의 〈생각의 지도를 넓혀라〉라는 책을 읽고 무릎을 쳤던 기억이 있다. 동아시아 해양사의 권위자인 윤 교수는 '열린 멘토' 광개토 태왕을 소개하며, 지금 세상을 헤쳐가는 데 도움을 줄 멘토를 꼭 동시대에서 찾을 필요는 없다는 사실을 알려줬다.

'땅따먹기 1인자'로 유년시절부터 각인된 광개토 태왕은 사실 창조·개방·조화의 입체적 리더십을 성공적으로 실천한 불세출의 제왕이었다. 18세 어린 나이에 고구려를 이끌게 된 그는 오랜 전란과 패배로 무기력증에 빠진 제국의 자존심을 세워야 하는 시대적 과제를 안는다. 굶주림과 사기 저하로 피폐해진 백성들의 패배의식을 없앨 묘책은 뭘까? 광개토 태왕은 영토를 단순한 식량 창구가 아닌 네트워킹 사회의 허브로 봤다. 그래서 남으론 백제 수도인 한성을 공략해 황해 중부 연안의 해상권과 외교권을 장악했다. 물론 북쪽으로도 요동지방을 장악하고, 북부여 지역과 연해주 남부까지 차지했다. 비옥한 옥토 개념이 아니라 요충지를 장악한다는 전략적 사고로 동아시아 세력 질서를 좌우하는 핵으로 급부상했다.

우리가 광개토 태왕처럼 살기 위해서는 우선 전체를 보는 눈을 키워야 한다. 예전에 국민일보에서 이런 글을 읽었다.

정신병원에서 환자의 퇴원을 결정하기 전 마지막으로 환자가 퇴원할 만큼 좋아졌는지를 테스트하는 방법을 개발한 의사가 있었다. 먼저 어떤 방에 수돗물이 조금씩 흐르도록 수도꼭지를 틀어 놓았다. 그리고 바닥에 물이 고일 때 환자에게 걸레를 주고 물을 닦으라고 했다. 퇴원할 만큼 건강한 사람은 먼저 바닥에 물이 고인 이유를 찾아내어 수도꼭지를 잠근 후 바닥의 물을 닦는다. 하지만 아직 퇴원하기 이른 환자는 수도꼭지는 잠그지 않고 방바닥의 물만 부지런히 닦는다.

전체를 보지 못하면 이렇듯 핵심을 놓치기 일쑤다. 눈을 크고 높게 뜨지 못하면 광개토 태왕이 식량을 넘어 네트워크 사회의 구현을 목표로 했다는 것을 알아내기 쉽지 않다. 사회적 관습이나 관행이라고 그냥 넘어가선 안 된다. '진짜 그럴까' 하며 돌다리도 하나하나 두드려보는 자세가 중요하다.

실생활에서 예를 한 번 찾아보자. 저강도 운동이 고강도 운동에 비해 지방 연소율이 높다는 이유를 대며 '걷기가 달리기보다 다이어트 효과가 좋다'고 말하는 이들이 있다. 과연 그럴까? '걷기파'들이 믿는 구석은 지방 연소율에 있다. 그들은 "걷기는 지방 연소율이 70%인데 반해, 달리기는 40%밖에 안 된다"고 자신 있게 주장한다.

하지만 다이어트의 진짜 핵심은 지방 연소율이 아닌 실제로 태워진 지방량에 있다. 1시간 동안 열심히 걸은 A와 같은 시간 동안 열심히 뛴 B의 사례를 보자. 만일 두 사람이 같은 칼로리를 소모했다면 지방 연소율이 관건이 되겠지만, 땀나게 걸은 A가 소비한 건 300kcal이고, 더 땀나게 뛴 B의 몸에선 600kcal가 빠져나갔다. 이게 현실이다. 간단한 곱셈이니 A와 B가 태운 지방량을 한번 계산해 보자. A는 210kcal(300 * 0.7), B는 240kcal(600 * 0.4)이다. 다시 말해 B는 A와 같은 시간 운동했지만 A

보다 더 많은 칼로리를 소비했다. 즉 지방 연소율은 낮았지만 순수 지방 연소량은 더 많았다. 이처럼 눈앞의 숫자에 현혹돼선 안 된다. 진짜 결과를 낳는 핵심 요인을 놓치지 말아야 한다.

어떤 회사에 면접시험을 보러 갔는데 면접관이 "오늘 아침 신문을 읽었습니까"라는 질문을 던졌다고 가정해 보자. 면접관이 이런 질문을 한 의도는 어떤 신문을 읽었는지가 궁금한 것이 아니라 지원자의 전공이나 사회 이슈에 대한 관심도, 그리고 자기계발 수준을 파악하고 싶어서이다. 그러니 질문을 받고 "00신문을 읽었습니다"라고 답하는 지원자보다 "오늘 아침에는 면접 준비 때문에 신문을 읽지 못했지만, 평소에는 00신문을 정독하고 있습니다. 최근 관심을 가지고 있는 부분은 △△와 관련된 내용인데 제 생각에는 앞으로 이러저러한 방향으로 전개되지 않을까 생각됩니다. 따라서 이렇게 대처하면 효과적일 것 같습니다"라고 대답하는 지원자가 더 면접관의 눈에 들어오지 않을까.

'왜' 다음에는 '무엇을' '어떻게'

앞서 밝힌 대로 '왜'를 묻는 질문 다음에는 '무엇을'과 '어떻게'로 생각의 폭을 넓혀보라. 한국뿐 아니라 동남아시아에서도 선풍적인 인기를 끈 드라마 〈대장금〉에 이런 장면이 나온다. 수라간에서 나인들에게 요리를 가르치는 한상궁이 어린 장금이에게 물을 떠오라고 시킨다. 장금이는 매번 뜨거운 물, 찬물, 버드나무잎을 띄운 물 등 다른 물을 떠가지만 한상궁의 퇴짜를 맞는다. 어느 날 장금이는 어머니가 자신에게 물을 건네기 전 늘 "배가 아프지는 않니? 화장실은 다녀왔니? 목이 아프지는 않니?"라고 물었던 기억을 떠올리고는 한상궁에게 배가 아픈 것인지, 화장실은 다녀왔는지, 목이 아픈 것은 아닌지 등을 묻는다. 그리고 한상궁이 목이 아프다는 얘기를 하자, 장금이는 소금을 물에 타서 가져다준다. 목 아픔(왜)과 소금(무엇을), 그리고 물에 타기(어떻게)를 순서대로 해결한 것이다.

사실 머리를 쓴다는 건 꽤나 머리 아픈 일이다. 사안이 복잡하고 논의의 내용이 많을수록 더욱 그렇다. 그래서 4차원 사고를 훈련할 때는 가급적 변수를 줄이는 것이 도움이 된다. 경제학에서 '다른 조건이 일정하다면(세트리스 파리부스Cetris Paribus)'이라는 변수 차단장치를 활용하는 것도 같은 맥락일 것이다.

4차원 사고의 쉬운 출발점은 학창시절에 접했던 3단논법과 귀납법이다. 아리스토텔레스의 삼단논법으로 대표되는 연역법은 증명된 명제를 통해 새로운 결론을 이끌어내는 사고법이다.

[규칙] 모든 사람은 죽는다.
[사례] 소크라테스는 사람이다.
[결과] 소크라테스는 죽는다.

반면, 귀납법은 개별적인 현상들로부터 일반적 결론을 이끌어내는 방법이다.

[사례] 말복이도 죽었다. 소복이도 죽었다.

[결과] 말복이, 소복이 모두 사람이다.

[규칙] 모든 사람은 죽는다.

이 두 사고방법이 익숙해지면, 그 다음에는 '가추사고Abduction(가설-추론 사고)'라는 사고법을 공부하는 게 좋다. 연역법과 귀납법은 이해하기는 쉽지만, 실생활에서는 딱 부러지게 적용할 만한 상황을 만나기가 힘들기 때문이다. 가추법은 실용주의Pragmatism의 창시자로 알려진 미국의 철학자 퍼스가 소개한 것이다. 가추사고는 특정한 현상을 일단 대전제로 가정하는 사고법이다. 그러다 보니 여기 등장하는 대전제는 아직 증명되지 않은 가설에 불과하다.

[결과] 30대인 퍼스가 과거의 닌텐도가 그립다고 한다.

[규칙] 모든 30대가 그렇다면 30대인 퍼스가 그런 건 당연하다.

[사례] 그러므로 모든 30대가 그리울 것이다.

디자인적 사고법을 소개하는 유덕현의 〈온몸으로 사고하라〉에 보면 가추사고를 여실히 보여주는 현실사례가 있다.

홍대 근처에는 카페병원으로 잘 알려진 제너럴닥터가 있다. 이 병원의 원장인 김승범 씨는 청진기를 갖다 대면 울어버리는 아이들의 문제를 해결하기 위해 가추법을 사용했다. 아이가 울게 되면 청진기에서는 울음소리 외에는 아무것도 들리지 않는다. 그는 방음을 위한 기술을 조사하거나 아이들을 인터뷰한 것이 아니었다. 그저 아이들이 좋아하는 곰인형을 이용하면 아이들이 울지 않으리라는 단순한 가설을 세웠다.

가추사고법대로 정리해 보면 결과는 '곰인형은 대부분의 아이들이 좋아한다'이고, 규칙은 '곰인형은 아이들의 청진기에 대한 불쾌감을 완화시킨다'이다. 그러므로 곰인형에 부착한 청진기를 아이들이 거부하지 않는지를 실험해 보면 된다.

그는 이와 같은 가설을 세우고 손바닥에다 청진기를 단 곰돌이 1-1호를 개발했는데 결과는 실패였다. 이번에는 발에다 청진기를 단 곰돌이 1-2호를 고안했지만 역시 효과를 거두지 못했다. 실패 후 진료 장면을 동영상으로 찍어 수없이 돌려보며 고민했고, 고심 끝에 탄생한 것이 곰인형 속에 무선청진기를 심어서 아이가 인형을 안기만 해도 무선으로 소리를 들을 수 있는 곰돌이 2-1호를 개발하게 되었다. 결과는 대성공이었다. 아이들이 울기는커녕 곰돌이 청진기를 놓지 않으려고 해서 오히려 애를 먹었다.

기사를 편집하면서 가설(전제)을 두고 제목을 뽑은 사례가 있다. 경상북도 문경의 공장 화재로 소방관 두 분이 순직한 기사였다. 밤에 발생한 화재로 인명 피해가 이미 일어난 다음 날 숨진 소방관의 신원이 밝혀졌다. 특전사 출신의 35세 소방사와, 소방관이 천직이라며 인명구조사 시험까지 합격한 27세 소방교였다. 이 두 영웅이 뜨거운 불길 속으로 뛰어들어간 것이 "사람이 안에 있는 것 같다"는 전언 때문이었다는 얘기가 기사로 전해졌다. 이미 불은 모든 건물을 새까맣게 태워버린 상태였다. 통신사 사이트에 올라와 있는 당일의 사진으로는 무시무시한 하루 전의

"사람 구하고 싶다"… 가슴속 불길 따라간 두 영웅

지난달 31일 경북 문경시 신기동의 한 육가공업체에서 발생한 화재로 소방관이 순직한 가운데 빌 오전 현장에서 관계자들이 추가 붕괴 가능성 등에 대한 조사를 진행하고 있다. [뉴스1]

혹시라도 건물에 남아 있을지 모를 근로자를 찾기 위해 화재 현장으로 들어 갔던 두 명의 젊은 영웅은 주검으로 돌아왔다. 지난달 31일 경북 문경시 신기동 제2일반산업단지에 위치한 4층짜리 육가공업체 공장에서 발생한 화재로 순직한 두 영웅은 경북 문경소방서 119구조급대원인 소속 김수광(27) 소방교와 박수훈(35) 소방사다.

공장 건물에 불이 난 건 이날 오후 7시 47분쯤. 소방서 11곳에서 장비를 동원하고 대응 2단계가 발령될 만큼 큰불이었다. 건물 4층에서 시작한 불은 삼시간에 건물 전체를 잠아삼켰다. 순직한 두 소방관은 "건물 내에 고립된 근로자가 있을 수 있다"는 다른 근로자의 애기를 전해 듣고 최 1조로 수색에 나섰다. 수색 중 불이 급격히 번져 두 소방관은 건물에 고립됐고, 건물이 무너지면서 변을 당했다.

'특전사 출신 소방관' 35세 박수훈
인명구조사 합격한 27세 김수광
추모객 찾은 빈소서 유족들 오열
尹 대통령 "공동체 위한 고귀한 희생"

1일 김수광 소방교와 고박수훈 소방사의 빈소에 조문 행렬이 이어지고 있다. [연합뉴스]

소방본부 '3층 뛰길기서 최초 발화 추정'

소방관 한 명이 오전 12시보쯤 건물 3층에서 숨진 채 발견됐다. 이날 오전 3시 54분쯤 다른 한 명도 숨진 채 발견됐다. 두 지점은 5m 정도 떨어져 있었다. 너너진 잔해 때문에 두겹게 쌓여 수색에 시간이 걸렸다. 2020년 9월 사용 허가가 난 이 공장은 건물 전체가 샌드위치 패널로 지어져 불이 삼시간에 번졌고, 잔해가 많이 쌓이면서 화재 진압과 수색 구조에는 인력 3486명, 장비 683대가 동원됐다.

순직한 두 소방관 중 김수광 소방교는 2018년 공개경쟁 채용을 거쳐 소방에 입문했다. 특히 지난해에는 소방공무원 시험에서 취득하기 어려운 소방난 인명구조사 시험에 합격했고, 구조대에까지 지원했다. 박수훈 소방사는 특전사에서 근무하며 '자살을 구하는 일에 서 자원봉사 더 큰 보람을 느낄 수 있겠다'고 여겨 2022년 구조 분야 경력자 공채를 거쳐 임용됐다. 미혼인 박소

방사는 평소 "나는 소방과 결혼했다"고 말할 만큼 일에 자부심이 강했다고 한다. 태권도 5단인 박소 방교, 특전사 출신인 박수훈 소방사 어기도 두 고는 평소 인근 학교 학생들에게 태권도를 지도하는 재능기부 봉사도 해왔다고 한다. 두 소방관은 북히 지난해 7월 경북 북부 지역을 강타한 집중호우로 문경시와 예천군에서 실종자가 발생했다 68일간 수색활동에 참여했고, 실종자 발견에 공을 세우기도 했다.

배중부 문경소방서장은 이들의 순직 소식을 전하며 울먹였다. 배 서장은 "생원 인원 수색과 화재 진압에 최선을 다했다"고 말했다. 소방 당국은 두 소방관의 시신 훼손이 심한 점에 유전자 검사를 통해 신원을 확인한 뒤 장례를 치를 예정이다. 경북도는 장례를 경상북도청본으로 치르기로 했으며, 5일째 문경실내체육관에서 거행하며, 9일까지 경북도청 동부광장과 문경구미·상주소방서에서 분향소를 운영한다. 경북소방본부는 이들의 국립현충원 안장, 1계급 특진, 옥조근정훈장 추서를 추진할 방침이다.

문경시 산양면에 차려진 빈소에도 추모객의 발길이 이어졌다. 유족들은 몸을

가누지 못하고 부축받거나, 두 소방관 이 들을 부르며 부등켜안고 울었다. 친동생 같은 표정의 소방관들은 두 동료의 희생을 안타까워했다. 두 소방관과 함께 근무했던 팀원 김태송(30) 소방사는 "(박수훈의 형은 동기였고, (김수광 형)은 나이는 어리지만 선배였다"고 소개했다. 이어 김 소방교에 대해 "힘드려고도 계속 남아 훈련하는 모습을 많이 봤다"며 "로프를 올라타면서도, 장비를 풀어서 넣다가 훈련을 한다든가"라고 기억했다. 박소 방사에 대해서는 "수훈이 형은 교육받을 때도 다 힘들데 먼저 장비를 치며 분위기를 더 좋게 하려고 했다"며 "힘든 거는 내가 할까시머 먼저 한다고 말해 던 됨됨의고 말했었다.

경찰청 주도 화재 원인 수사전담팀 꾸려

윤석열 대통령은 이날 김수광 대통령실 대변인의 서면 브리핑을 통해 "비보를 듣고 가슴이 아파 잠을 이룰 수 없었다"며 "두 소방 영웅의 영전에 삼가 명복을 빌고 유족 여러분께도, 마음 깊은 조으로부터 위로의 말씀을 드린다"고 말했다. 또 "공동체를 위한 희생은 고귀하다며 두 소방 영웅의 안타까운 희생을 우리 모두 잊지 않아야 할 이유"라고 덧붙였다. 국민의힘 비상대책위원장, 더불어민주당 이재명 대표 등 정치권 인사들도 빈소를 찾아 조문했다.

수사는 본격화했다. 경북경찰청은 경북청 형사과장이 팀장인 수사전담팀을 꾸렸다. 경북소방본부와 국립과학수사연구원 등 관계기관과 함께 진행할 합동 감식은 건물 안전진단을 마치는 대로 진행한다. 화재 발생 전 건물에 붕괴할 가능성이 더 당장 떨어졌다. 경북소방본부는 브리핑을 통해 "3층의 뛰길기"에서 최초 발화가 시작된 것으로 추정한다"고 설명했다. 문경=김정석 기자
kim.jungseok@joongang.co.kr

문경 공장 화재 개요

● 1일 오후 7시47분, 경북 문경시 신기동 제2일반산업단지 내 육가공 제조업체 공장 화재 발생
● 소방대원 2명 순직

자료: 경북도소방본부

불길을 표현할 수 없었다. 어찌 보면 하루 전의 두 소방관에게도 모든 것을 삼킬 듯한 불길은 눈에 보이지 않았을 것이란 생각이 들었다. 그분들은 그저 사람을 구해야 한다는 가슴 속의 불길만을 느끼며, 그 불길을 따라 건물 안으로 들어갔을 것이다. 때로는 은유가 더 힘이 세다. 편집기자의 가슴에 전해진 그들의 고귀한 마음을 그대로 표현했더니 이런 제목이 나왔다. 〈"사람 구하고 싶다"… 가슴속 불길 따라간 두 영웅〉.

세계적 경영구루이자 토론토대학 교수인 로저 마틴은 "생각의 가장 완벽한 방식은 분석적 사고에 기반을 둔 완벽한 숙련과 직관적 사고에 근거한 창조성이 역동적으로 상호작용하면서 균형을 이루는 것"이라고

말했다. 알고 보면 우리 모두에겐 꽁꽁 숨겨져 있는 '4차원 DNA'가 있다
는 말과 크게 다르지 않은 것 같다.

10

세렌디피티를 아시나요

"발가락이 간지러워 무좀약을 발랐더니 에이즈가 나았다.", "협심증 치료제를 먹었는데 엉뚱하게 발기부전 문제가 해결됐다." 이처럼 언론에 나온 의료기사들을 보면 아이러니하게도 글로벌 제약시장에서 성공한 약 중 상당수가 당초 치료 목적에 반하는 부작용의 산물이었다. 발톱무좀을 치료하려는 목적으로 개발된 시클로피록스ciclopirox가 에이즈 바이러스HIV에 감염된 세포의 자살을 유도해 에이즈를 완치한다는 사실이 확인되고, 협심증 치료제로 개발된 비아그라가 발기부전 치료제로 널리 알려지게 된 사실은 '우연'과 '행운'의 가치에 고개를 끄덕이게 하기에 충분하다.

편집 일을 하면서도 우연의 도움을 많이 받아왔다. 꽉 막힌 제목이 행운과도 같은 한순간의 돌파구를 발견한 뒤 일사천리로 진행되는 경험을 많이 했다. 몇 년 전에 접한 기사가 특히 기억에 남는다.

해당 기사는 "도심에서 흉기 난동을 일으키고 사람들을 무차별 살상하는 고립된 외톨이들이 점점 많아지고 있다"는 내용을 담고 있었다. "내가 이 세상에서 가장 불쌍하다"는 피해의식에 젖은 이들은 "남들도 불행하게 만들고 싶다"거나 "세상에 복수를 하고 싶다"는 잘못된 생각을 거침없이 드러낸다. 기사는 "이런 흉기 든 외톨이들이 사회의 시한폭탄이 되고 있다"고 걱정했다. 장기불황 이후 일본의 고민거리가 된 '거리의 악마'와 닮은꼴인 것이다.

흉기 든 외톨이들의 생각이 사회병리적 현상과 맥이 닿아 있음을 한 줄의 제목에 어떻게 담을 수 있을까. 한참을 고민하다가 "내가 세상에서 가장 불쌍하다"는 워딩 속에서 뭔가를 발견했다. 이 문장을 축약어로 만들어 보니 '내세가불'이었다. 마치 현세를 포기하고 내세를 가불하는 이들의 무책임한 복수를 '내세가불'이란 단어로 정의하면 좋겠다는 생각이 들었다. 그리고 얼마 후 〈"내가 세상에서 가장 불쌍"… '내세가불' 청년들, 시한폭탄 됐다〉라는 제목이 나왔다. 돌이켜 생각해봐도 그때 '내세가불'이 생각난 건 전적으로 우연이었다.

〈몸값 72% 날렸다… 'X' 된 트위터, 미래도 '미지수'〉라는 제목으로 나간 기사도 마찬가지 케이스이다. 머스크가 인수한 뒤 몸값이 72% 떨어진 트위터의 새 이름이 왜 하필 'X'인 걸까. 직언을 한 직원이 바로 잘리고, 머스크의 'SNS 검열 포기' 정책의 논란도 계속되고 있다고 기사는 전한다. 회사가 어수선한 가운데 머스크는 단순한 텍스트 SNS를 넘어 금융과 쇼핑을 결합하는 에브리싱 앱을 꿈꾸고 있지만, 그 꿈의 실현에 의문부호를 품고 있는 전문가들이 많다. 몸값도 추락하고 미래도 불투명한 옛 트위터의 이름이 공교롭게 'X'여서 너무 편하게 제목을 달았던 기억이 난다.

하지만 돌아보면 필자만 우연히 행운을 얻은 게 아니다. 〈처칠을 읽는 40가지 방법〉이

란 책을 보면, 세계사에 엄청난 자국을 남긴 유명 정치인 처칠조차도 '운빨이 좋은 사나이'일 뿐이다. '역사가 만일 간디와 같은 인물과 짝을 이루게 했더라면 처칠은 전혀 다른 느낌의 사람으로 기억될 수 있었을 것'이라는 게 책의 주장이다. 책은 처칠이 가진 남성 우월주의와 감정 기복을 언급하며, 20세기 최고의 악당인 히틀러에 맞서는 정의의 사도 역할을 맡은 덕분에 이 모든 결점이 묻혔다고 평가한다.

우주의 발생 자체가 행운의 선택

처칠뿐이랴. 논의의 장을 좀 더 넓혀보면 우리 삶의 토대가 되는 우주의 발생 자체가 행운의 선택이라고 볼 수 있다. 경이로운 우주사史를 다룬 책들을 보면, 20억 년 전쯤 원시 지구가 적당하게 식으면서 우연찮게 아메바 같은 단세포 생물이 탄생했다. 5억5,000만 년 전에는 바닷속에 절지동물이 등장했다. 1억 년이 더 흘러 4억5,000만 년 전에는 거미쯤으로 생각하면 되는 투구게가 바다 생명체로는 처음으로 육지에 도착해 육상생활을 모색하게 된다.

진화의 계통상 가장 유명한 지구의 지배자는 공룡이었다. 막강한 능력을 지닌 공룡은 번성해서 지구상의 모든 생명체를 굴복시켰다. 가장 늦게 등장한 생명체에 해당하는 인류는 절대로 공룡의 적수가 될 수 없었다. 그런데 천지가 개벽하면서 인류는 기회를 잡았다.

널리 알려진 대로 6,500만 년 전에 지금의 멕시코만 근처에 소행성 또는 혜성이 충돌한다. 그 부근이 불길에 휩싸여 상당한 범위까지 초토화한 것은 물론이고 막대한 먼지가 피어올라 지구 전역에 퍼져나간다.

태양빛을 차단해 기온이 급강하하면서 지구 생명체의 대규모 멸절이 빚어진다. 특히 좋은 시절이 영원할 줄 믿고 생체에너지를 방만하게 쓴 공룡 같은 동물에게는 완벽한 파국이었다.

창조주의 섭리를 믿지 않는 무신론자의 입장에서는 인간이 지구의 주인이 된 것은 아주 우연한 일인 셈이다. 인간의 머리로 지구와 생명체 탄생의 확률을 따지기는 쉽지 않다. 신을 믿는 자는 신에 의해서, 운명을 믿는 자는 운명에 의해서, 그 밖의 다른 존재를 믿는 자는 그 존재에 의해서 임의적으로 선택되었다고 보는 게 보다 합리적일 정도이다.

인간이란 생명체 자체도 미스터리하다. 신경생물학 박사인 페터 슈포르크는 〈인간은 유전자를 어떻게 조종할 수 있을까〉에서 "제아무리 기술이 발달해도 인간은 복제가 불가능하다"고 말한다. 특히 암컷의 경우에는 우연이 많은 특징들을 결정한다. 후성유전학이 알아낸 'X-비활성화'라는 것이 그것을 조종하기 때문이다. 암컷 포유동물들은 수컷들과는 달리 두 개의 X염색체를 가지고 있는데 발달 초기에 이런 성염색체 중의 하나는 발현시키지 않는다. 게다가 그 염색체는 히스톤에 단단하게 감겨 절대적으로 읽힐 수 없는 상태다. 그래서 동일한 생물을 만들고자 하는 복제 기술자들은 어려움을 겪는다. 한 세포가 수컷 쪽의 X염색체를 끌지, 아니면 암컷의 X염색체를 끌지가 우연에 맡겨지기 때문이다.

태어난 것도 태어난 것이지만 우리의 많은 성공들도 '다트 던지기'를 연상시킨다. 그래서 〈비즈니스는 갬블이다〉 같은 책은 "성공자들의 성취담에 현혹되지 말라"고 대놓고 말을 한다. 이유는 간단하다. 그 성공이 본인의 노력에 의한 것이 아니라 단순한 운이었을 가능성이 대단히

높기 때문이다. 누군가가 과거에 성공을 했다 해도 그 방식이 현재 시점에 반드시 통용된다는 보장이 없다. 이런 시차를 인정하고 보면 특정한 성공이 보편적 법칙이 될 가능성은 높지 않다. 그래서 성공담보다 오히려 실패담이 더 도움이 될 수도 있다.

성공담에서 주목해야 할 것은 '운'의 가능성이다. 예를 들어 128명의 경영자가 있고 사운을 건 프로젝트에서 계획 A와 계획 B 중 한 가지를 선택해야 한다고 가정해 보자. 절반인 64명은 A를, 나머지 64명은 B를 채택하여 결과적으로 계획 B가 승리를 거두었다. 그리고 승리한 64명이 다시 선택을 한다. 반수인 32명이 계획 C를, 나머지 32명이 계획 D로 결정을 내려 이번에는 계획 C가 선택되었다고 해보자. 이처럼 양자택일이라는 결정을 통해 다른 선택을 한 반수가 매번 탈락한다고 생각하면 5연승을 거둔 사람은 4명, 6연승을 거둔 사람은 2명이 된다. 그리고 최후의 1명이 7연승을 하게 되는 셈이다.

'사운을 거는 결단이 일생 동안 과연 몇 번이나 있을까?'의 문제는 제쳐두고, '여러 번 연속하여 올바른 판단을 내릴 줄 아는 경영자가 반드시 존재한다'는 점을 주목해야 한다. 그리고 그 성공한 경영자들의 상당수가 진정한 천재라기보다는 우연히 성공한 사람들일 가능성이 높다고 전문가들은 분석한다.

이런 예측불가한 '운'이 무슨 학문의 대상일까 싶지만 의외로 많은 학자들이 '운'에 현미경을 들이대고 있다. 운이라는 것을 과학적으로 증명하는 케이스 스터디가 꽤나 많다. 케임브리지 대학교 존 코츠 박사팀은 "검지가 짧은 사람이 주식투자에서 수익을 많이 올린다"고 주장했다.

코츠 박사팀은 런던의 개인투자자 49명(이 중 3명은 여성)을 대상으로 손가락 비율과 주식거래로 벌어들인 연간 수익을 비교했다. 그 결과 약지에 대한 검지의 비율이 낮으면 낮을수록 수입이 많다는 것을 알았다. 코츠 박사팀은 구체적인 수치도 제시하고 있다. 예를 들어 비율이 0.99에 해당하는(즉 검지와 약지의 길이가 거의 같은) 사람의 연간 평균 획득금액이 약 60만 파운드인데 비해 0.93 전후로 낮은 비율인 사람은 680만 파운드로 11배 이상의 차이가 있었다. 〈뇌는 왜 내 편이 아닌가〉에 나오는 이 연구결과는 순전히 운에 의한 결과일까? 왜 손가락 길이에 따라 트레이드 성공률이 다를까? 우연일까?

과학자들은 손가락 길이와 테스토스테론의 양을 비교해 이를 설명한다. 사람은 태어나기 전에 테스토스테론에 얼마나 노출되었는가에 따라 손가락 길이가 달라진다. 테스토스테론은 유아의 손가락 끝에서 'hox계 유전자'의 발현을 촉진하고 그 결과 검지를 짧게 만든다. 게다가 테스토스테론은 뇌의 발달에도 영향을 미친다. 태어나기 전에 테스토스테론에 많이 노출되면 자신감 가득한 성향이 되어 위험을 즐기고 끈질기게 파고들며 반응과 동작이 빨라지는 경향이 있다. 그런 사람은 숫자에도 밝고 축구나 럭비, 농구, 스키 등 스포츠 경기에도 좋은 성적을 거둔다고 알려져 있다.

코츠 박사팀은 이 테스토스테론의 영향을 직접적으로 운세와도 연결 짓는다. 살다 보면 왠지 운이 따른다는 느낌이 오는 날이 있다. 이 운도 테스토스테론으로 설명이 가능하다는 소리다. 코츠 박사팀은 "주식으로 돈을 벌 수 있을지 아닌지 신체에 전조가 나타난다"는 놀라운 연구를 발표했다. 실험은 다음과 같이 진행됐다.

연구진은 적게는 1천만 엔부터 많게는 1조 엔까지, 다양한 규모로 주식거래를 반복하는 런던의 개인투자자 260명을 모집하여 혈액검사를 했다. 그들은 오전 11시에 혈액을 채취한 후 업무를 시작했다. 8일 연속으로 이 실험을 계속했다.

그날의 트레이드 손익과 혈중 호르몬의 관계를 상세히 조사한 결과 흥미로운 경향이 보였다. 아침에 테스토스테론이 많았던 날은 수익이 높았지만, 반대로 크게 손실을 본 날은 테스토스테론이 적었다. 운세는 아침에 결정돼 있었다. 이 실험 데이터를 보면 '오늘은 운이 따른다'는 느낌을 단순히 기분 탓이라고 치부할 수 없는 무언가가 우리 몸에서 실제로 생겨나는 듯하다.

내친 김에 운과 관련된 케이스 스터디를 좀 더 살펴보자. 오비맥주는 줄곧 국내 1등 맥주였다. 그런데 1991년 두산그룹 계열사인 두산전자 구미공장에서 페놀이 식수원으로 유출되는 사건이 발생했다. 지역사회에서 오비맥주 불매운동이 거세게 일어났다. 그룹 차원에서 수습방안을 내놓았지만 당장의 불끄기에 급급한 소극적 대책일 뿐 사태를 돌이킬 순 없었다. 이 사건을 계기로 오비맥주는 '천연 암반수 제조공법'을 내세운 하이트맥주에게 1등 자리를 내주었다.

라면의 원조인 삼양은 1989년까지 점유율 60%를 구가하는 한국 라면의 대명사였다. 그런데 갑자기 공업용 기름 파동이 터졌다. 라면을 공업용 소기름으로 튀긴다는 익명의 투서가 발단이었다. 이 사건을 계기로 삼양은 추락하고 말았다. 법정에서 삼양의 무혐의가 밝혀졌지만 소비자의 마음을 되돌릴 수 없었다. 이후 농심이 라면업계의 선두로 도약했다.

운이란 관점에서 또 한 가지 명심해야 할 것이 있다. 행운은 마냥 좋은 게 아니라는 사실이다. 행운이 복이 아니라 도리어 화가 되는 일이 비일비재하다. 예전에 교회에서 '열심히 일해도 다 복을 받지 못하는 이유'를 설명하는 설교를 들은 적이 있다. "열심히 일한 만큼 성공을 하는 것 자체가 축복이다. 하나님의 축복을 받지 못하면 뿌린 만큼 거둔다는 세속의 진리 자체가 성립이 되지 않는다." 당시 설교자는 "하나님의 축복을 받지 않아도, 혹은 성실하거나 정직하지 않아도 돈을 벌 수 있다"고 말했다. 하지만 분명히 기억할 것은 그 성공이 결코 복이 아니라는 사실이다. 부정직한 거래로 뒷돈을 챙기는 권력자들, 세상을 속여 냄새나는 돈을 챙기는 사업가들, 타인을 깔아뭉개서 일신의 안위만을 꾀하는 많은 사람들…. 이들의 말로末路를 가만히 보면 거의 다 절망이요 패배다. 즉, 축복받지 못한 성공은 저주다.

'운칠기삼' 아닌 '운삼기칠'

우리 삶에서 행운의 존재를 애써 부인할 필요는 없지만, 그것의 지분을 '운칠기삼運七技三'만큼 둘 필요는 없다. 언어적으로 표현하면 '운삼기칠運三技七'이 맞다. 인간의 의지와 노력, 삶에 대한 진지한 태도가 삼三이 아닌 칠七이 되어야 한다.

누군가 마냥 행운만을 기다리며 복권을 산다면 그의 일생은 당첨되지 않은 복권용지가 휴지통에 들어가듯 인생 자체가 휴지통에 들어가는 것과 거의 같을 것이다. 기적을 바라는 사람들의 공통점은 '무대책적인 기다림'이다. 자기의 노력을 배가倍加하고 기다리는 사람과 하지 않고 마냥 기다리는 사람은 하늘과 땅 차이다. 후자는 과일나무 아래에 누워서 과일이 떨어지는 것을 기다리거나, 손을 안 대고도 코를 풀려고 하는 자와 다를 바 없다. 운수 혹은 행운이란 준비되지 않은 자에게는 온다 하더라도 자기 것으로 만들 수 없는 그 무엇이다. 행운은 있다. 다만 중요한 것은 '그 행운을 어떻게 바라보느냐'는 관점에 있다.

비가 모든 곳에 공평하게 내리고 바람이 온 세상을 돌아다니고 태양의 빛이 온 세상을 골고루 비추고 있듯이 하나님의 무한한 은혜는 그 누구도 차별하지 않는다. 골고루 내려지는 은혜는 내 것으로 만드는 자가 차지하는 것이다. 운으로 돌리지 말라. '운'자를 돌려보라. '공'자가 된다. 공은 어디로 구를지 모른다. 그러니 굴러가는 대로만 맡기면 그것은 운이 된다. 그렇지만 그 공을 잘 다루어 골인 지점에 잘 넣기만 하면 그것은 내 것이 된다. 운을 탓하는 사람은 공을 보면서 "어디로 갈지 알 수 없다"고 체념하는 사람과 같다.

중세 시대의 유명한 설교가인 크리소스톰 교부는 '황금의 입'이라는 찬사를 받았다고 한다. 하지만 그가 '황금의 혀'를 타고난 행운을 얻은 것은 아니었다. 혀가 너무 짧아 설교를 잘 하지 못했던 크리소스톰 교부는 산에 올라가 혀에 돌을 단 채 소리 지르는 훈련을 했다고 한다. 혀를 늘리기 위한 피나는 노력이 '황금의 입'을 낳은 것이다.

우연이 거듭되면 필연이다. 성공하고 싶다면 우연한 만남, 우연히 맞닥뜨린 일에도 신경을 써야 한다. 하지만 우연이 전부는 아니다. 행운과 노력이 시너지를 낼 때, 그때 찾아온 기회가 바로 우리의 운명이 된다. 부와 성공 뒤에 숨겨진 행운의 과학을 연구한 〈세렌디피티 코드〉의 크리스티안 부슈는 뜻밖의 행운을 의미하는 '세렌디피티serendipity'를 강조한다. 그런데 여기서 말하는 행운은 의미 그대로의 순전한 운에 그치지 않는다. "순전한 운이 삶에 큰 영향을 미치지만, 자신만의 방법으로 운명을 개척하고 나와 타인을 위한 환경을 설정해 '영리한' 운을 더 자주 만나고 더 나은 결과를 내는 방법도 분명 있다"고 말하는 부슈는 "주도적이고 영리한 운이 일어나도록 그에 걸맞은 사고방식과 환경을 갖추도록 노력하라"고 조언한다. 그는 세렌디피티 사고방식을 키우기 위해 5가지를 제안한다.

1. 세계를 구성하는 법을 읽혀라.

2. 강력한 동기부여를 설정하라.

3. 흩어진 점을 발견하고, 점들을 이어서 기회로 만들라.

4. 기회를 가속하고 증폭시켜라.

5. 늘 내재한 편견에 주의하라.

그런데 이 다섯 가지 규칙의 전제는 "혼자서 모든 것을 해결할 수 없다"는 점이다. 운이 작용할 여건을 마련한다는 말은 '누군가 혹은 무언가가 나를 도울 수 있는 장치를 마련한다'로 해석될 수도 있다. 부슈가 말했듯이 "세렌디피티 사고방식은 누군가와 계속 연결될 수 있는 상태"라는 뜻이다. 다음 장에서는 이것을 주제로 얘기해 보려 한다.

'나혼산'보다는 '나혼잔'

〈외로운 '나혼산'… 하숙집 같은 '나혼잔' 뜬다〉라는 신문 제목을 단
적이 있다. 우리나라에서도 1인 가구가 급격히 늘어나면서 젊은이들 중
심으로 '나혼산(나 혼자 산다) 신드롬'이 불고 있다. 방송 매체에서는 아예
'나혼산'을 주제로 한 프로그램까지 방영할 정도이다.

그런데 최근에 보니, 혼자 사는 건 맞는데 혼자가 아닌 '코리빙 하
우스'가 인기를 끌고 있다고 한다. 코리빙은 침실만 분리한 채 주방과 거
실 등 집안 생활시설은 공유하는, 예전 하숙방식 생활을 떠올리면 이해
가 쉬운 생활 패턴이다. 대기업들이 주도적으로 이런 하우스를 운영하
기 때문에 피트니스 센터나 스크린 골프장까지 갖춘 곳까지 있다고 한
다. 엄밀하게 보면 '나혼산'은 아닌 이런 케이스를 '나혼잔'이라고 명명해
봤다. '나혼산'이란 유행어 덕분에 개념도 쉽게 잡히면서 '나혼산'과 발음
도 유사해서 읽는 맛도 괜찮다고 판단했다.

# 외로운 '나혼산'…하숙집 같은 '나혼잔' 뜬다
_(나 혼자 산다) _(나 혼자 잔다)

🏠 1인가구 1000만 돌파

침실만 분리, 거실·주방 등 공유
기업형 임대 '코리빙' 6년새 3배로
헬스장·스크린골프장 있는 곳도
노인 1인가구 '실버타운'도 인기

서울의 한 '코리빙' 하우스에서 홀로 2
년째 거주 중인 대학생 김모씨는 거의
매일 커뮤니티 시설을 이용한다. 라운
지에서 공부하거나 관심사가 비슷한 입
주민끼리 단체 채팅방을 개설해 모임을
만들고, 축구 중계나 영화를 함께 관람
하기도 한다.

'코리빙'은 '함께(Cooperative)' '살다
(Living)'의 합성어로 침실 등 개인 공
간이 분리돼있으면서, 거실·주방 등은
공유 공간으로 함께 사용하는 기업형
임대주택이다. 라운지·헬스장·루프탑·
공유주방·스크린골프 등 1인 가구를 위
한 시설이 마련돼 있다. 김씨는 "개인 공

간이 확실히 분리돼 프라이버시를 보장
받으면서, 공유공간에서 입주민들과 자
연스럽게 어울릴 수 있는 게 장점"이라
고 설명했다.

폭발적으로 증가하는 이른바 '독거
청년'과 '독거 노인' 수요에 맞춰 다양
한 주거 형태가 등장하고 있다. 25일 행
정안전부 주민등록 통계에 따르면 지난
달 기준 전국의 1인 가구는 1005만8348
가구로, 지난 1월 집계 아래 처음으로
1000만 가구를 넘어섰다. 전체 가구의
약 42%를 차지한다. 1인 가구의 70%는
20~30대 청년층(32%)과 60대 이상 고
령층(38%)이다.

20~30대 1인 가구에서는 코리빙하우
스가 주목받는다. 공유공간에서 입주민
들과 교류하며, 내적 친밀감을 쌓는다.
아침마다 식탁에 둘러앉아 함께 식사하
며 대화를 나누면, 과거 대학가 '하숙집'
을 떠올리면 이해가 쉽다.

코리빙하우스는 2020년 이후 SK
D&D, KT에스테이트 등 대기업이 이
시장에 뛰어들면서 성장세를 보인다.

2017년 2000여 가구에서 지난해 7000여
가구로 3배 이상 증가했다. 거주 만족도
는 높다. 기업이 운영해 시설이 깔끔하
게 유지되고, 입주민의 취향을 고려한
반려동물 시설, 인공 암벽 등반 시설, 와
인 셀러 등을 제공하는 곳도 있다.

2년 넘게 서울 강남의 코리빙하우스
에 거주 중인 회사원 정모씨는 "내가 쓰
는 면적을 평당가로 환산해 보면 원룸·
오피스텔에 거주하는 것보다 경제적으
로도 훨씬 이득"이라며 "상대적으로 비
싸다고는 하지만, 난 월 160만원 정도의
지출(임대료+관리비)이 합리적이라 생
각한다"고 설명했다. 윤현정 SK D&D
홍보과장은 "그동안 청년 1인 가구의 주
거를 책임졌던 빌라·오피스텔이 전세사
기에 휘말리면서 코리빙하우스에 대한
관심이 더욱 높아졌다"고 전했다.

실버타운(시니어 주택)도 최근 주택
업계의 새로운 먹거리로 떠오르고 있
다. 국내 60세 이상 노인 인구는 1400만
명에 달하고, 이 가운데 1인 가구 비중
은 10%(148만 명)에 이른다.

최근 방문한 경기 용인시 기흥구의
'스프링카운티자이'. 1345가구 규모의
이곳은 분양형 실버타운으로 용인세브
란스병원과 단지 연결통로가 마련돼 있
다. 산자락을 낀 산책로가 정비돼 있고,
유명호텔 출신 주방장이 매끼 식사도
준비해 준다. 30평형(전용 74㎡)의 경우
2016년 분양 당시 3억원 정도였는데 최
근 시세는 7억원 중반대다.

70대 중반의 이모씨는 용인 죽전에
있는 70평대 아파트를 전세로 주고, 이
곳에서 혼자 살고 있다. 이씨는 "가족들
이 모두 외국에 나가 있는데, 큰 집에 덩
그러니 혼자 남아있을 엄두가 나지 않
았다"고 했다. 이 아파트의 1인 가구는
지난해 기준 37% 정도이며, 나머지는
부부(63%)가 거주하는 2인 가구다. 이
씨는 "단지 내 바둑동호회 회장을 맡고
있고, 가끔씩 팝송반 등에도 속해 있다.
짬이 나면 테니스를 치기도 한다"며 "외
로움을 느낄 틈이 없다"고 설명했다.

김원·이아미 기자 kim.won@joongang.co.kr

» B2면 '코리빙 하우스'로 계속

제목은 그랬다 치고, '나혼산' 열풍 속에서 '나혼잔'은 왜 뜨고 있는 것일까. '혼자가 좋다'고는 하지만 사람의 내면엔 '같이 하고 싶다'는 본능도 숨겨져 있기 때문이다. 사람은 호모 압스콘디투스Homo absconditus(신비적 인간), 호모 에스테티쿠스Home aestheticus(미학적 인간). 호모 크레아토르Homo creator(창조적 인간), 호모 이노바토르Homo innovator(독창적 인간), 호모 루덴스Homo ludens(유희적 인간), 호모 사피엔스Homo sapiens(현명한 인간) 등의 별명을 갖고 있지만, 일과 성취의 관점에서 중요한 건 호모 심비우스Homo symbious(함께 사는 인간)이다.

세종대왕, 미켈란젤로, 토머스 에디슨, 라이트 형제, 레리 페이지, 마크 저커버그, 스티브 잡스, 빌 게이츠의 공통점은 무엇일까. 이들은 각각 자신의 분야에서 천재적 능력을 발휘해서 최고의 성과를 만들어냈다. 하지만 이들의 이런 놀라운 성공 뒤에는 지능적 네트워크와 집단지성이 존재했다. 그들의 업적은 세상이 혼자 모든 것을 다 할 수 있을 정도로 간단한 조직이 아님을 보여준다. 세종대왕은 집현전 학자들과 머리를 맞대고 한글을 창제했고, 미켈란젤로의 불후의 명작인 〈천지창조〉와 〈최후의 심판〉은 팀으로 함께 움직였던 13명의 화가들과 함께 그린 것이었다. 6년 동안 무려 400종이 넘는 특허를 만들어낸 에디슨의 업적 뒤에는 14명의 팀원들이 있었다. 애플의 디자인 팀은 업무는 물론 식사와 휴가까지 '집단생활'을 한다고 한다. 이처럼 성공하는 회사, 혁신적이고 창조적인 성과를 내는 팀은 혼자가 아니라 서로 덕을 보면서 실력과 운을 합치는 팀이다.

신문에 나온 소강석 목사(용인 새에덴교회)의 글에서 이런 대목을 접했다.

"조조는 인재등용에 있어서만큼은 누구도 따라올 수 없는 탁월한 득인得人과 용인用人의 리더십을 보였다. 그 일례가 바로 진림이다. 그는 원래 조조의 맞수였던 원소의 사람이었다. 진림은 원소가 조조를 치고자 했을 때 조조와 그의 집안을 모욕하는 격문을 썼다. 그의 글이 얼마나 사람들을 흥분시켰는지 구름처럼 군사들이 몰려왔다. 뿐만 아니라 조조는 진림의 글을 읽고 너무나 격분해 평소에 앓고 있던 편두통이 사라져 버릴 정도였다고 한다. 일대 격전이 끝나고 승리를 거둔 조조는 진림을 잡아와 다그쳤다. "너는 왜 나에 대해서만 조롱을 하면 될 것이지 나의 아버지와 할아버지까지 능욕을 하였느냐." 그러자 진림이 이렇게 말했다. "한번 시위를 당긴 화살은 쏘지 않을 수가 없소." 사람들은 당장 조조의 칼날에 진림의 목이 날아갈 줄 알았다. 그러나 조조는 호탕하게 웃으며 오히려 그를 자신의 책사로 삼았다. 그의 비범함과 의연함을 발견하고 처형이 아닌 득인을 선택한 것이다.

장수와 가후의 예도 마찬가지다. 장수는 조조의 친아들까지 잃게 만든 철천지원수였다. 그러나 조조는 장수와 가후가 원소의 곁을 떠나 자신에게 투항했을 때 과거를 전혀 묻지 않고 오히려 환대하며 맞아 주었다. 그 뒤로 장수는 몇 번이나 조조의 목숨을 구하는 공적을 쌓았고, 가후는 탁월한 전략과 계책을 통해 승리를 이끌었다. 조조에게 있어 득인과 용인은 천하패권을 차지하는 인프라가 되었던 것이다. 결국 득인과 용인을 잘하는 지도자가 천하를 얻는다."

'호모 심비우스'의 신비

모두가 천하를 얻을 수도 없고 그럴 필요도 없지만, 호모 심비우스의 신비는 확실히 자신의 것으로 만들 필요가 있다. '함께 사는 인간'의 위력을 발휘하는 대표적인 공간이 신문 편집이다. 편집기자협회에 소속된 편집기자는 대략 1,000여 명이다. 전국의 53개 언론사에서 매일 신문에 들어갈 기사에 제목을 뽑고 레이아웃을 만드는 이들이 네 자릿수에 달한다는 것이다. 이들은 각각의 소속사에서 자신에게 할당된 지면을 맡아 처리하는데, 통상적으로 하루에 2개면 안팎 정도가 된다. 이들이 만드는 하루치 신문은 나름의 논리와 유기적인 특성을 보여준다. 편집자별로 제목을 뽑는 스타일도 다르고 기사의 성격도 상이하지만, 1면부터 끝면까지 넘기다 보면 신기하게도 지면에서 묘한 편집적 동질감이 느

껴진다. 비밀은 역할 분담에 있다. 제목이 튀는 지면과 그래픽이 화려한 지면의 사이사이에 차분하게 정보를 전달하는 지면들이 배치된다. '편집밥' 십수 년 먹은 편집기자들은 하려고만 하면 어떤 유형의 제목도 모두 달 수 있지만, 신문의 전체적인 균형을 감안하며 자신의 역할을 정하고 있다. 호모 심비우스의 신비로운 조화라고 하지 않을 수 없다.

신문의 편집부처럼 알아서 자기 역할을 하는 조직 편집의 성공 포인트는 동료에 대한 믿음을 바탕으로 한 주인의식이다. 기러기가 브이v자 대열로 날아가는 데에는 특별한 이유가 있다고 한다. 이 대열로 서면 각각의 새가 날개를 저으면서 바로 뒤에 따라오는 새들에게 상승기류를 만들어줄 수 있다. 즉 V자를 그리며 날아가면 전체 기러기 무리는 혼자 날아갈 때보다 무려 71%의 에너지를 절약하며 오랜 시간 서로에게 추진력을 줄 수 있다고 한다.

기러기들은 자신의 날갯짓이 대열 전체에 도움이 됨을 본능적으로 알고 있기에 '거저' 먹으려는 생각을 하지 않는다. 이런 주인의식과 관련된, 사람을 대상으로 한 연구결과가 있다. 뉴욕 대학의 링겔만Ringelmann 교수는 줄다리기 실험을 했다. 연구결과에 따르면, 양편에서 각각 두 사람이 줄다리기를 하면 이들은 한 사람씩 줄다리기를 하는 것에 비해 93%의 힘을 쏟았다. 세 사람이 되면 두 사람 때와 비교해 85%, 그리고 팀당 8명이 되면 7명일 때와 비교해 64%로 떨어졌다.

시너지와 세너지

하나 더하기 하나가 둘 이상이 된다는 시너지Syn+Energy 효과는 주인의식을 전제로 한 개념이다. 조직 구성원에게 주인의식이 없으면 오히려 사람이 늘어나도 생산성이 떨어지는 역逆시너지 효과가 나타난다. 역시너지의 대표적 사례로 갈라티코 정책Galactico policy을 꼽을 수 있다.

갈라티코는 축구 명문구단 레알 마드리드가 7년이나 시행한 정책인데 세계적인 축구 스타들을 한데 모아 아예 축구 은하(갈라티코)를 만들겠다는 야심찬 계획이었다. 다른 구단들이 방송 중계권료나 입장권 판매 같은 경기 당일 수입에 의존할 때 레알의 구단주 프로렌티오 페레스는 파격을 택했다. 유명 스타들을 한 팀에 모으면 그들이 뛰는 게임은 연일 매진이 될 것이고, 팀의 이미지를 높여 입장료 외에 부가판매 수익도 최고로 높아질 것이라는 계산이었다.

이 정책은 4~5년간 성공하는 듯 보였다. 루이스 피구, 지네딘 지단, 호나우두, 베컴 등 발만 대면 골을 넣을 듯한 슈퍼스타들은 우승컵을 잇달아 거머쥐었고, 금전적으로도 레알은 맨체스터 유나이티드를 넘어 세계 최고 부자구단에 등극했다. 그런데 갈라티코는 이내 한계를 드러낸다. 사정과 상황은 달라진 게 없는데 팀 성적은 심각한 부진에 빠져들고, 스타들은 슬금슬금 짐을 싸서 떠났다. 레알에겐 무엇이 부족했던 것일까.

트렌드 칼럼니스트인 정순원 보보스 대표는 세너지Senergy 부족 때문이라고 진단한다. 세너지는 Separate와 Energy의 합성어로 시너지의 반대편에 있다. 시너지가 합치면 더 커진다는 결합의 힘을 강조할 때, 세너지는 결합보다 분리가 훨씬 강력함을 주장한다. 시너지의 관점에서 보면 레알은 최상이다. 개인기가 출중한 11명이 한 팀에 모였다. 하지만 현실은 정반대였으니 그저 쌓아놓은 모래알일 뿐이었다. 레알에는 '분리'의 파워로 무장해 전체적인 팀 균형을 꾀할 수 있는, 주인의식으로 충만한 올라운드 플레이어가 없었다.

　그렇다면 세너지란 것을 어떻게 낼 수 있을까. 정순원 대표는 트랜스포머, 프로슈머, 스타일, 뉴노마드, 지테크, 넷맥을 세너지의 6가지 키워드로 꼽으면서 "미래가 불확실한 현대사회에선 다기능 인간이 돼야 하고, 트렌드 파파라치로 넷맥을 무한으로 확장하라"고 충고한다. 분리의 힘이 선택과 집중으로 승화되는 케이스로 특히 유년시절 귀에 딱지가 앉게 들은 '사이 나쁜 삼 형제 동화'를 비튼 사례가 눈길을 끈다.

　죽음을 앞둔 아버지가 사이가 나쁜 삼 형제를 불러 나뭇가지 하나씩을 꺾어보라고 한다. 모두 손쉽게 꺾는다. 그러자 이번엔 나뭇가지를 열 개쯤 모아서 한 번에 꺾어보라고 한다. 당연히 안 꺾이자 아버지는 유언 삼아 이렇게 말한다. "뭉치면 살고 흩어지면 죽는다." 시너지의 관점에서 이 메시지는 의심할 바 없는 진리였다. 하지만 세너지의 눈으로 볼 때는 응당 의문을 품어야 한다. 왜 꼭 똘똘 뭉쳐야만 하나. 형제들은 나뭇가지 하나씩을 꺾어 각자 쓸모 있는 도구를 만들 수 있지 않을까. 연필과 이쑤시개, 성냥을 만들어 열심히 장사한다면 각자 더 큰 성공의 기쁨을 맛볼 수 있다. 이게 세너지이다.

　세너지를 집단지성Collective Intelligence으로 승화시키는 것도 '조직 편집'의 관건이다. 스튜어트 크레이너는 〈경영 구루들의 살아있는 아이디어〉라는 책에서 "팀은 많은 사람들이 공통의 목표를 갖고 그들의 개별적 성공이 다른 사람들의 성공에 달려 있다는 것을 인식할 때 생긴다. 팀은 모두 상호의존적이다"라고 말한다. 구성원의 기술을 뜨개질하듯 짜맞추는 것만으로는 충분치 않다. 팀원들의 다양한 행동은 목표 달성을 위해 반드시 조화를 이뤄야 한다. 사람들이 팀에서 성공적으로 일하게 하려면 모두가 명확한 방식으로 행동하게 해야 한다. 과업에 집중하는 사람들doers이 필요하고, 전문적인 지식을 제공하는 사람들knowers이 필요하며, 그들이 제기하는 문제를 해결하는 사람들solvers도 필요하다. 팀 전체가 잘 운영되는지를 확인하는 사람들checkers이 필요하고, 팀이 단결된 사회집단으로 운영되는지 돌보는 사람들carers도 필요하다. 이것이 바로 피에르 레비가 말한 '집단지성'의 골자이다. 모든 성공하는 팀에는 "어디에나 분포하며 지속적으로 가치가 부여되고 실시간으로 조정되며, 실제적 역량으로 동원되는 지성"이 작동한다.

인코칭의 홍의숙 대표는 이 같은 집단지성의 효과를 극대화하기 위해서는 5가지 조건이 필요하다고 말한다.

첫째, 상대방이 제안한 것들에 대해 즉시 감사와 인정의 표현을 한다.

둘째, 기존의 방법이나 원칙을 고집하지 않고 새로운 방법과 원칙을 만들어 함께 동참한다.

셋째, 수직적인 권위의식에서 벗어나 자유로운 분위기를 형성한다.

넷째, 상대방을 이해하기 위해 진심으로 상대방 입장에서 경청하고, 그의 생각이 보다 확대될 수 있도록 제한적인 질문이 아닌 열린 질문을 한다.

다섯째, 실제로 진행될 일에 대해서는 명확하게 정리하고 피드백을 준다.

집단적 편집의 힘을 키워라

기사 편집이든 조직 편집이든 집단적 편집의 힘이 제대로 작용할 때 창조적인 결과물에 대한 기대가 커질 수 있다. 생각의 원천이 되는 뇌는 개개인에게 각각 주어져 있지만, 뇌의 작용은 집단적일 때 더 강력하다. 〈창조적 사고의 놀라운 역사〉를 쓴 슈테판 크라인은 '스승의 힘'을 강조한다. "창조적 사고는 집단적 뇌에서 나온다"는 크라인은 "스승에게서 선행지식을 전수받으라"고 조언한다. 돌을 깨서 날카로운 날을 만들려면 인간도 보노보도 집단적 뇌가 필요하다. 선행지식이 없으면 그런 날을 만들 수 없다. 그런 지식의 토대 위에서만 새롭고 개선된 방법을 개발할 수 있다.

잠시 인터넷 얘기를 해본다. 온라인 세상이 열린 지 한참이 지났지만 유독 한국에서는 온라인사업 유료화가 잘 안 된다. 지인에게 들으니 인맥 때문에 그렇다고 한다. 유료서비스를 통해 고급정보를 얻는 게 빠른가, 아니면 아는 이에게 전화 한 통 해서 빼내는 게 빠른가. 한국 사회에선 후자가 훨씬 효과적이다.

인맥 네트워크가 갖는 위력은 상상을 초월한다. 인맥 없는 비즈니스맨이 성공하기란 하늘의 별을 따는 것만큼 쉽지 않다. 제아무리 잘난 독불장군이라도 혼자서는 인맥의 거미줄을 당해낼 수 없다.

그래서 〈나는 매일 만나고 싶은 사람이 된다〉란 책은 인맥 쌓기를 일종의 투자라고 정의한다. 타인의 명함을 많이 가졌다고 인맥이 풍성하다고 착각해선 안 된다. 인맥이란 "자신이 누구를 알고 있는가"가 아니라 "내가 어떤 사람들에게 알려져 있는가"이다. 주고받는 것give & take을 넘어 공헌contribution을 고려해야 한다는 얘기다.

누구누구에게 속았다는 느낌을 자주 받는다면 사람 보는 눈이 부족하지 않았는지 돌아봐야 한다. 이 책은 열정과 궁합이 맞는 사람을 찾아내는 것을 레버리지 인맥술이라 칭하며 "소중한 이에게 이 사람을 소개할 수 있을까"라는 질문을 판단 기준으로 삼으라고 조언한다.

앞서 밝혔듯이 신문사 편집국은 이런 집단적 편집의 힘이 강하게 작용하는 조직이다. 그 중에서도 중앙일보의 J팀은 편집기자들이 머리를 맞대 지면을 제작하는 공동편집 전략을 오래 전부터 실행에 옮기고 있는 조직이다. 신문의 매력은 '뉴스를 알아보는 능력'과 '뉴스를 새롭게 하는 능력', 그리고 '그것을 편집하는 능력'에 달려 있다. 속보 처리에서 신문 기사가 포털 기사를 이길 수 없는 시대가 되면서 신문은 이야기의 재미와 깊이를 만들어내는 솜씨를 키우는 편집을 해야 한다.

2005년 한국편집상을 받은 중앙일보의 '교황 선종' 지면을 살펴보자. 다른 신문들이 모두 교황의 마지막 앞모습을 담았는데, 중앙일보는 교황의 뒷모습을 보여줬다. J팀이 집단적으로 생각해 낸 준비된 지면이었다. 당시의 심사평은 이랬다. "떠나가는 사람의 뒷모습은 많은 것을 생각하게 해준다. 불세출의 야구스타 베이비 루스가 은퇴할 때 모든 사진기자들이 앞에서 그의 모습을 담았는데 오직 한 기자만이 뒤에서 고개 숙인 그의 모습을 찍었다. 당연히 압권이었다. 중앙이 그랬다."

집단적 편집의 힘은 이렇게 힘이 세다. 앞에서도 소개한 〈창조적 사고의 놀라운 역사〉는 "문화는 스스로 확장해갈 수 있는 블록 쌓기와

닮았다"고 분명히 말한다. 우리는 개념을 연결해 새로운 개념을 만들어 낸다. 문화가 발전할수록 지식·경험·상상이 집단적 뇌에 많이 축적되고 그럴수록 새로운 아이디어가 나올 여지가 커진다.

조선시대 거상巨商 임상옥은 "장사는 이문을 남기는 것이 아니라 사람을 남기는 것"이라고 하였다. 사람을 볼 줄 알고 믿을 줄 알며 중히 여기는 인물이다. 우리 속담에 '호랑이는 죽어서 가죽을 남기고 사람은 죽어서 이름을 남긴다'는 말이 있다. 자신의 이름이 남겨지기 위해서는 사

람들에게 귀감이 되고 선한 양심으로 살아야 한다. "말은 태어나면 제주
도에 보내고 사람은 태어나면 서울로 보낸다"는 말도 같은 맥락으로 볼
수 있다.

추구하는 비전과 전략 측면에서 나와 같은 류類와 최대한 많이 함
께하라. 우리 선조들도 일찍이 이 진리를 알아 유유상종類類相從이란 말도
만들어냈지 않은가. '나혼산'을 꼭 하고 싶다면 '나혼잔' 하라. 성과를 내
는 일을 하고자 한다면 말이다. 그리고 집단적 편집의 힘을 눈으로 확실
히 확인하고 싶다면 집 근처의 신문사 견학 신청을 해보라.

12

헷갈리면 흐름에 맡겨라

사하라 사막에 다녀온 적이 있다. 지중해를 넘어 카이로 시내에 접어든 비행기가 공항 쪽으로 방향을 트는 순간이 기억난다. 창문 밖으로 비친 빛바랜 황톳빛 세상이 모든 것을 삼켜 버렸다. 인간의 흔적도 자연의 생기도 모두 모래언덕 밑에 감춰졌다. 그 '죽음의 땅'이 내뿜는 묘한 기운은 하늘과 맞닿은 지평선도 꾸물꾸물하게 만들었으니, 생명의 근원인 태양 빛마저도 '죽음의 땅' 앞에서 무력해 보였다.

그것이 당시에만 느낀 묘한 매력인 줄 알았는데 윌리엄 랑게비쉐의 〈사하라 사막 횡단기〉라는 책을 발견한 순간 그렇지 않다는 것을 깨달았다. 400페이지에 달하는 만만찮은 분량임에도 한 번 펼친 책을 쉽게 덮을 수 없었다. 아프리카 대륙의 3분의 1을 차지하며 남쪽 열대우림지대까지 기다랗게 뻗은 세상에서 가장 아름답고도 슬픈 땅. 비행사를 거쳐 언론인으로 활동하는 저자는 북동부 알제에서 남서부 다카르까지 그

땅을 직접 발로 밟으며 절망과 희망이 역설적으로 생동하는 한 편의 르포를 담담히 그린다.

대개 여행이라면 눈이 즐겁고 귀가 밝아지는 곳을 선호한다. 그런데 왜 그는 방대하고 메말라서 박테리아조차 생존할 수 없는 불모의 땅을 택했을까. 이유는 "사하라를 쓰기 위해서"였다. 강과 호수 바닥에서 생성된 모래가 세월의 풍화작용을 거쳐 형성된 모래성들. 바람이 불어오는 쪽 경사지엔 완만하게 쌓이지만 반대쪽 경사지에는 초승달 모양의 가파른 곡선을 그리는 모래 물결은 자연의 힘을 빌려 쉼 없이 영토를 넓혀간다.

사하라인의 삶 VS 현대인의 삶

그런데 필자를 더 주목하게 만든 건 사하라인들의 삶이었다. 책은 자연조건에 전혀 불만을 품지 않는 사하라인들의 정신세계까지 라이브로 보여준다. 인간의 최대 발명품인 바퀴가 왜 사하라에선 지존의 지위를 낙타에게 내어주게 되었을까. 젖과 꿀이 흐르는 옥토가 어쩌다가 사막의 대명사로 알려지게 되었을까. 현지 사람들을 밀착 취재해서 귀동냥으로 들어 전하는 이슬람 우화와 더불어, 곳곳에 포진한 현지 역사에 대한 팁tip은 맛깔나는 책읽기를 돕는 청량제 역할을 했다.

"사하라인들이 문명 세계인들보다 똑똑하지도 순수하지도 강인하지도 않다고 몰아붙이지 말자"는 저자는 그들이 어쩌다가 척박한 불모지에 태어났을 뿐 우리와 똑같은 현대인임을 주장한다. 어쩌면 자연의 질서와 섭리를 읽어내는 능력에서는 그들이 우위일지 모른다. 서구의 지배로부터 벗어난 뒤에도 허구한 날 종족끼리 치고받는 그들을, 폭염을 핑계 삼을 수 없는 밤에도 일보다는 쉬는 데 치중하는 그들을 너무 쉽게 욕해선 안 된다.

사하라인들은 극한의 체념이 낳은 '사하라식 안분지족安分知足'의 경지를 보여준다. 사막 한가운데에서 길을 잃으면 자동차 휘발유를 마시고, 아내의 목마름을 달래주기 위해 자신의 몸에 상처를 내야 한다는 것은 현지인에게 들은 '이야기 속의 현실'만이 아니었다.

하지만 둘러보면 우리 삶은 한마디로 적자생존適者生存이다. 한국의 대표적 직장인인 삼성맨도 생존위협에 늘 시달리고 있다고 한다. "삼성이 한꺼번에 사원을 많이 뽑는 것이 회사가 잘 나가서이기도 하지만 그만큼 그만두는 사람이 많기 때문"이란 분석도 있다.

그런데 이 생존 보장이 덩치 키우기만으로는 부족하다. 당대 세계 최강 로마의 부강이 덩치에서 나왔겠는가. 로마인들은 지성에선 그리스인에, 체력에선 게르만인에, 기술력에선 에트루리아인에, 경제력에선 카르타고인에 못 미친다는 놀림을 받았다. 로마의 강점은 공동체의 문제를 미래지향적으로 풀어내는 내부 메커니즘에 있었다고 주장하는 책을 읽은 적이 있다. "호랑이 아들이 강아지일 수 있다"는 가능성을 인정한 황제 후계자의 양자입양 제도나, 세율을 뜻하는 단어를 세금의 명칭으로 쓸 정도로 안정된 세제(회계) 시스템 등이 천년제국 로마를 이끌었다는 것이다.

세계의 브레인 유태인들의 삶도 생존의 조건에 '인사이트Insight'를 준다. 〈경제를 살리려면 유태인 같은 장사꾼이 돼라〉는 책에 따르면 유태인은 원래부터 돈에 밝은 민족이 아니었다. 2,000여 년 전 팔레스티나로부터 쫓겨나기 전까지 그들은 양이나 치며 입에 풀칠하는 그저 그런 민족이었다. 당시만 해도 상거래는 주변 외국인의 차지였다. 돈장사가 최고의 돈벌이라는 관념은 나라 잃고 떠돌며 체득한 생존의 기술이었다. 언제 추방당할지 모르는 이들에게 현금화가 쉬운 보석장사, 일수놀이는 선택이 아닌 필수였던 것이다.

약한 부분에 대한 대처법

삶이란 의도하지 않은 쪽으로 흘러갈 수 있다. 중요한 건 약한 부분을 억지로 키우려고 해서는 안 된다는 사실이다. 노력해도 쉽게 해낼 수 없는 게 세상엔 많다. 과학기술과 관련된 부분은 특히 더 그렇다. 하나의 성취가 둘로 이어지고, 그것이 또 다른 성취로 차곡차곡 채워져야 비로소 빅 점프를 기대할 수 있는 게 자연과학의 세계를 구성하는 엄밀한 질서이다.

현재 인류의 로켓 기술로는 우주선을 태양계 밖의 성간Interstellar 우주까지 보낼 수 없다고 한다. 그런데 보이저 1, 2호는 그것을 해냈다. 바로 스윙바이Swingby라는 기상천외한 기법을 활용했기 때문이다. 〈낭만 테크놀로지〉란 책은 보이저호의 비결을 흥미롭게 묘사해 준다.

크기와 방향을 동시에 나타내는 속도인 벡터 이론에 의하면 시속 100km의 열차를 향해 시속 50km로 공을 던지면 공은 시속 250km로 튕겨져 나오게 된다. 보이저호는 이 원리를 활용해 성간 우주로 날아갔다. 어떤 행성의 공전 방향 반대쪽에서 우주선을 접근시켜 그 행성의 중력장 내에 들어가게 한 후 그 행성의 공전 속도에 편승해 가속도를 얻어 행성의 공전 방향으로 빠져나온다. 이러한 스윙바이 해법은 플라이바이 Flyby라고도 불리는데, 쉽게 말하면 별들의 공전 속도를 훔치며 중력 어시스트를 받은 것이다. 실제로 보이저 2호는 시속 47,000km로 공전하는 목성의 중력장에 들어갔다가 다시 튕겨져 나오는 스윙바이를 통해 시속 74,000km의 속도로 가속하여 토성 방향으로 진행하였고, 같은 방법으로 토성, 천왕성, 해왕성에서 가속도를 얻어 태양계 밖으로 나가는 데 성공했다.

내 힘으로 안 되면 주위를 둘러보자. 나를 도와줄 의외의 해법이 내 주위에 많이 있다. 작가 마거릿 미첼은 원래 소설 쓰는 데는 별로 관심이 없는 기자였다. 어느 날 말에서 떨어져 집에서 몇 달간 쉬며 치료를 해야 했다. 기자 일을 할 수 없게 됐지만 그는 좌절하지 않았다. 심심풀이로 남북전쟁 당시의 애틀랜타를 다룬 연애소설을 쓰기 시작했다. 미첼은 그 일에 빠져들었고, 그 후로 그 일에 1년간이나 매달렸다. 1963년에 출간된 〈바람과 함께 사라지다〉는 그렇게 세상에 얼굴을 내비치게 되었다.

할리우드 무용가를 꿈꿨던 도리스 반 카펠호프라는 여고생도 졸업 파티 날 밤에 큰 교통사고를 당했다. 그 부상은 그녀의 꿈을 접게 만들 만큼 큰 것이었다. 도리스는 집에서 장기간 재활치료를 받아야 했다. 치료를 받으면서 그녀는 라디오에서 흘러나오는 여자 가수의 노래를 따라 부르기 시작했다. 열심히 노래 연습을 한 덕분에 그녀는 밴드 가수가 되었고, 그 후 영화에 출연하게 되어 이름을 도리스 데이로 바꾸었다. 원래의 계획은 비극적 사고 때문에 산산이 깨졌으나 그 일로 도리스는 진짜 천직을 발견한 것이다.

〈절대로 바꿀 수 없는 다섯 가지〉라는 책이 전해주는 이 두 가지 일화는 삶을 억지로 끌고 가지 말고, 주변을 돌아보면서 세상의 흐름에 몸을 맡겨 보라고 조언한다. 앞의 사하라인들처럼 자연의 질서와 섭리를 잘 이해해내면 된다. 우리가 파리하면 처음으로 떠올리는 에펠탑은 처음 만들어졌던 당시에 엄청나게 욕을 먹었다. 구스타프 에펠이 설계한 이 철탑이 세워진 후 파리 시민들에게 에펠탑은 흉물 취급을 받았다고 한다. 작가 모파상은 에펠탑이 보기 싫어 매일 에펠탑 아래 있는 레스토랑에서 식사를 했는데 그곳이 파리에서 에펠탑이 보이지 않는 유일한 곳이었기 때문이었다. 베를렌이라는 당대 최고의 시인은 2,500만 개의 대갈못으로 고정된 이 철제 구조물을 너무나 혐오한 나머지 그것이 보이면 되돌아갈 정도였으며, '아베마리아'의 작곡가 구노 역시 에펠탑을 파리의 수치로 여겼다고 한다.

몇 년 전 스포츠서울 여행면에서 재미있는 제목을 접했다. 그 지면 편집기자는 경상남도 김해 지방을 소개하는 기사에 〈가야만 아는 애틋한 사랑〉이란 제목을 달아 올렸다. 기사를 읽어보면 김해에는 높이 200m의 익사이팅 사이클과 가야무사 어드벤처 등 볼거리, 즐길거리가 많다. 아이들 손잡고, 연인의 어깨에 기대어 걸으면 좋을 분산성 둘레길도 있다. 모두가 훌륭한 제목거리가 된다. 하지만 편집기자는 우리가 다 아는 김수로왕의 허황옥 설화에 은근슬쩍 도움을 청해, 몸을 직접 움직여 가야만 알 수 있는 '사랑의 명소'를 재치 있게 묘사했다.

가야만 아는 애틋한 사랑

한국 최고의 둘레길 중의 하나로 통하는 분산성

2000년 전 「금관가야」김수로왕·허황옥 사랑 간직한 김해

아들(사)은 인도 여성과 국제결혼, 아버지가 아닌 어머니의 성(姓)을 자식에게 물려준 파격. 연호, 들것면 현대의 일상을 들춰주는 것 같지만, 무려 2000년 전 금관가야에서 여러 일어난 대한민국 최초의 5000만 연구 중 무려 4분의 1을 차지하는. 김 씨의 시조인 김수로왕은 오랜 기나긴 김해 연고 아유타국의 공주 허황옥과 결혼하여 2남을 두었다. 허황옥은 김수로왕과 2남1녀 애후 딸에도 동성이여 중성을 가져노. 긴 비장김(金)을 별도 동생 김해 김씨 딸아 사랑을 완성했다. 두 사람은 금슬도 좋아 무려 12명의 자녀 낳았는데 그 중 2명은 어머니의 성을 물려받아 김해 허씨의 시조가 되었다. 이렇듯 김해는 한국 역사에서 특별한 성이 있다. '바양겨별'이다 진국의 성격중 수로왕은 156세까지 장수했다 해는 김 씨 후손들의 살수이고, 대한민국의 소도라 긍지라 곳이다. 반도의 끝자락에 자리 잡았지만, 아주 특별한 군신 김해를 살피러 살폈다.

김수로왕릉

김해시의 중심부는 나르가야의 초대 국왕이자 김해 김씨의 시조인 김수로왕(재위 42~199)의 무덤이 있다. 높이 5m의 왕릉 봉토 무덤인 수로왕릉을 김해 사람들은 납릉(納陵)이라고 부른다. 납릉 정문의 화반 위에는 탑을 가운데 두고 두 마리의 물고기가 마주보고 있는 문양(신어상 또는 쌍어무)이 있다. 수로왕의 부인이 허황옥이 인도에서 왔다는 증거 중 하나라는 설이 전해진다. 왕릉을 바라보며 외쪽에는 바깥 마치아오 수로왕 태묘여 대각 직(直)에 있다.

수로왕비릉

수로왕릉에서 북쪽으로 1km 남짓한 곳에 있다. 가야 건국 설화가 전해지는 구지봉과 인접하고 높쪽으로 분산성을 바라보는 곳에 있다. 원비릉과 수로왕비릉도 높은 지대에 설계한 봉분이다. 전체적인 이미지 다양하다. 원래는 수로왕을 위한 자리였는데, 허황옥의 무덤 세상을 떠나자 수로왕의 사망하는 이 먼저 세상을 떠나며 수로왕의 사망하는 시대나 허황옥이 인도 해 그리움이 세대라 고향이 전해진다.

해은사 분산성

김해를 대표한 분산 정상부에는 두툼하게 쌓이 피를 두르듯 설쌓은 성곽이 분산성이다. 해은사(海恩寺)로 530여m나 노을 보면 그리움이 일어선다에 시작한 곳이나. 수로왕의 아내인 허황옥이 고향 아유타국을 그리워하며 기 남김으 있다고 전해진다.

동쪽 끝 '철의 나라' 건국한 김수로왕

노을 맛집 분산성 인근 해은사

대표하는 관광지 '가야 테마파크' 6가야의 황금갑과 거북이 조형물

22m 높이서 왕복 500m 오가는 익사이팅 사이클과 타워 스릴 넘치는 체험 가득

김해 | 글·사진 이주상 기자 rainbow@sportsseoul.com

지 않는다. 나의 첫 숨이 들어간 '내 풍선'에 다른 이들도 쉽게 바람을 더할 수 있다. 풍선은 넉넉히 커져서 일렁이는 바람을 타고 비상하는 것만 그저 바란다. 누가 숨을 더해줬든 그 풍선은 '내 풍선'이다. 햇살이 따가우면 따가운 대로, 비바람에 안경이 젖으면 잘 안 보이는 대로 흐름에 맡기자.

뜻밖의 기회는 의외의 장소, 혹은 생각지도 못한 순간에 내 문을 두드릴지도 모른다. 숨이 가쁘다는 이유로 풍선 꼭지 잡은 손을 놓지만 않는다면 어디선가 나타난 새 숨이 내 풍선을 더 크고, 더 가볍게 만들어줄 것이다. 알고 보면 세상은 나를 도우려고 혈안이 돼 있다. 존재감을 유지하려는 노력만 계속한다면, 그 어떤 것도 굉장한 모습으로 나아갈 수 있다.

13

류현진처럼 편집하라

꽤 오래 전의 일이지만 바이오리듬 신드롬이 우리 사회를 강타한 적이 있다. 신체의 리듬을 잘 알아야 건강과 개인적 성취를 함께 도모할 수 있다는 것이었다. 기사 편집을 할 때에도 리듬에 큰 신경을 쓴다. 제목을 뽑을 때 단어의 라임을 맞춘다든지, 좌우 대칭형 제목의 글자 수를 유사하게 만들어 읽는 맛을 늘리는 방법이 주로 쓰인다. 기억나는 제목 중에 이런 게 있다. 기사 내용은 이랬다.

재혼한 여성이 남편이 죽은 뒤 남긴 50억의 재산을 상속받지 못할 위기에 처했다. 재혼해도 상속을 받지 않겠다는 각서를 35년 전에 썼었는데, 전처가 낳은 자식들이 그걸 들이밀고 상속 포기를 강요한 것이다. 법적 자문을 구한 그 여성에게 돌아온 답변은 "각서는 효력이 없다"였다. 법률적으로 상속을 포기할 수 있는 권리는 상속인이 사망한 시점, 즉 상속 개시 이후 발생하기 때문이다.

재혼때 상속포기, 그 각서는 '낙서'
(법적 권리 제로)

키워드는 재산상속 포기 각서인데, 재혼 전에 쓴 각서가 효력이 있느냐가 관건이었다. '각서'와 라임을 맞추면서 효력이 없다는 기사의 메시지도 전달할 수 있는 단어를 찾으면 리듬감 있는 제목의 9부 능선을 넘을 수 있다. 뭐가 좋을까. 〈재혼 때 상속 포기, 그 각서는 '낙서'〉는 그런 고민의 산물이었다.

살다 보면 우리의 결과물을 훼방하는 보이지 않는 존재는 늘 우리의 리듬을 깨려고 노력하고 있다. 느낌이 오지 않으면 전성기 때의 류현진이 메이저리그를 호령하던 기억을 떠올려 보라. 강속구 투수들이 즐비한 미국의 메이저리그에서 류현진은 타이밍 뺏기 달인의 면모를 보이며 세계 야구판을 주름잡지 않았나.

1등이 되기 위한 타이밍 전략

13세 때부터 병법을 익혔고, 고수들과 60차례에 걸쳐 승부를 겨뤄

단 한 번도 패하지 않은 미야모토 무사시는 〈오륜서〉에서 "모든 일에는 박자가 있기 마련인데, 특히 병법의 박자는 연마하지 않고서는 체득할 수 없다"고 말했다. "병법에는 다양한 박자가 있다. 먼저 상대와 호흡을 맞추는 박자를 알아야 하고, 이어 상대의 호흡을 흩뜨리는 박자를 익혀야 하고, 크고 작은 박자와 빠르고 느린 박자 중에서 상황에 맞는 박자와 때에 맞는 박자를 알아야 하고, 상대의 박자에 끌려가지 않는 박자를 알아야 한다. 특히 상대를 속이는 박자를 알아야 병법을 완전히 터득할 수 있다. 병법을 활용해 싸움을 벌일 때는 각각의 적의 박자를 알아 적들이 생각하지 못하는 박자, 즉 형태를 갖추지 않은 빈 박자를 발휘하는 따위의 지혜로운 박자를 이용해서 이겨야 한다." 이렇게 말하며 무사시는 1등이 되기 위한 타이밍 전략을 지속해서 강조한다.

인생의 필수품인 타이밍을 알고 싶다면 '시간의 분절화'를 훈련해야 한다. 치열한 일상 속에서 열심히 쳇바퀴를 굴려야 하지만, 인생에는 가끔 띄어쓰기가 필요하다. 옛날에는 책읽기가 낭독이었는데, 요즘은 대부분 묵독을 하는 이유를 아는가. 수십 년 동안 읽기 훈련을 한 사람이라도 띄어쓰기가 돼 있지 않은 글을 읽기는 쉽지 않다. 그래서 띄어쓰기 개념이 없었던 시절에는 사람들이 묵독보다는 책읽기에 편한 낭독을 선호했다. 공간이 없이 빽빽한 글을 묵독으로 읽으려면 추가적인 인지 부담이 생기기 때문이다. 단어들을 의미에 맞게 끊어 읽는 데 신경이 집중돼 정작 중요한 내용 파악에 소홀하게 된다. 피곤할 때 책을 보면 읽은 데를 또 읽는 경우가 발생하는데, 이게 글자가 죄다 붙어있는 글을 읽을 때와 상황이 유사하다.

"한가로운시간은그무엇과도바꿀수없는재산이다라고소크라테스는 말했다."

이런 문장이 수십 장에 걸쳐 계속된다고 생각해 보라. 글의 내용 파악은커녕 지금 어느 문장을 읽고 있는지조차 모를 수도 있을 것 같다.

역사상 띄어쓰기가 등장한 것은 기원전 1000년을 전후해서다. 그후 띄어쓰기가 보편화되면서 인간은 고도의 집중을 통한 깊은 읽기를 할 수 있게 됐고, 인류의 발전이 더욱 가속도를 내게 됐다.

인생의 띄어쓰기를 시도해 보라

인생도 마찬가지다. 열심과 몰입은 매우 중요하지만 도전하는 일이 잘 풀리지 않을 때는 인생의 띄어쓰기를 시도해봐야 한다. 일례로, 플라스틱으로 된 책장에 책을 계속 쌓아올린다고 해보자. 한 권 두 권 쌓아가다 보면 특정한 몇 번째 책까지는 책장이 끄떡없을 것이다. 하지만 책장에서 우지직 소리가 나게 만드는 '한 권'이 분명 존재한다. 그런데 그렇다고 해서 그 책에 모든 책임을 지울 것인가. 책장은 그 한 권으로 인해 부러졌지만 일련의 과정을 되짚어 보면 어느 순간부터 책장이 휘고 있었다는 것을 알 수 있다. 마찬가지로, 사람살이를 돌아보면 늘어나는 일과 책임에 시달리며 우리는 조금씩 휘고 있다. 적절한 타이밍에 띄어쓰기를 해주지 않으면 책 무게를 견디지 못하는 책장처럼 어느 순간 우지직 소리를 낼 수밖에 없다.

이어령 교수는 〈젊음의 탄생〉에서 한국과 일본의 방패연을 분석했다. 일본은 방패연을 띄운다고 하는데, 한국에선 방패연을 날린다고 표현하는 이유가 있다. 한국의 방패연에는 가운데에 구멍이 있기 때문이다. 바람을 자유롭게 통과시킬 수 있는 한국의 방패연은 '날' 수 있지만, 그렇지 못한 일본의 방패연은 '뜰' 수밖에 없다. 그래서 편집기자들은 자신의 제목(편집)에 바람이 슝슝 통하는 구멍을 만들려고 노력한다. 필자도 띄어쓰기 마인드를 통해 꽉 막힌 제목의 터널을 뚫고 나갔던 기억이 많다.

기사 편집이든 인생 편집이든 우리의 뇌는 과부하가 걸릴 때 다양한 방식으로 신호를 보낸다. 평소보다 쉽게 짜증을 내는가, 불안을 더 자주 느끼는가, 평소보다 더 초조함을 느끼는가, 새로운 문제를 파악하고 해결하는 데 더 오랜 시간이 걸리는가, 더 자주 집중력이 흐트러지는가, 뭔가를 깜박 잊는 경우가 더 자주 발생하는가, 무의미한 일을 반복하는가, 할 일에 대한 목록 작성에 매달리는가. 이런 증상은 뇌가 동시에 너무 많은 일로 혹사당하고 있다고 외치는 신음소리이다.

미국의 주거지는 다운타운과 업타운으로 나뉜다고 한다. 한국과는 다르게 업무지구와 가까운 다운타운에는 상대적으로 경제력이 떨어지는 계층이 거주하고, 부자들은 대부분 업타운에 거주한다. 그런데 이 업타운도 크게 네 구역으로 나뉜다. 도시의 경계선을 벗어나 처음 만나는 주택지구는 환경친화적 교외다. 자칭 반체제 도시인들이 점유하는 땅이다. 고등교육을 받고 월급도 나름대로 두둑한 전문직들의 터전은 거기에서 좀 더 차를 몰고 나가야 접할 수 있다. 이 두 곳을 합치면 교외 이너링inner ring 지역이다. 그리고 진짜 교외는 여기부터다.

끝도 없이 펼쳐진 스트립몰strip mall과 멕시코 패스트푸드점 타코벨

이 수백 미터 간격으로 서 있는 이민자들의 신흥 교외지역을 지나면 드디어 스프릴레벨과 랜치하우스촌村이다. 이 두 지역이 바로 미국 중산층의 메카다. 단정한 집들, 커다란 자동차, 해변 모양의 전망창 뒤에서 짖고 있는 애완견…. 플라자, 갤러리아, 코트 등 대형 쇼핑몰이 완벽하게 갖춰진 이곳은 이상향을 꿈꾸는 미국인이 세운 자급자족의 문명지다.

〈보보스는 파라다이스에 산다〉를 쓴 데이비드 브룩스David Brooks가 주목하는 보보스는 바로 이 스프릴레벨과 랜치하우스촌에 사는 사람들이다. 하지만 이 보보스는 평생 시험을 치르며 살아야 한다. 신생아 신체지수 평가, 초등학교 산수능력시험, 대학 입학능력시험, 직장인 적성검사, 퇴직 시 은퇴계획 평가 등 미국인들이 태어나서 죽을 때까지 치러야 하는 시험은 끝이 없다. 첫 숨을 들이쉬는 순간부터 재능을 발휘하도록 자극받고, 간섭받고, 측정되고, 평가받고, 비교되는 보보스족 소년소녀들의 삶에 견주어 보면 학원 24시간 개방이 논란이 되는 한국의 상황은 조족지혈鳥足之血에 불과할지도 모른다.

하지만 개인적으로 이런 삶은 '비추'다. 돈은 잘 벌지 몰라도 행복과는 거리가 멀기 때문이다. 영국의 런던타임스가 '이 세상에서 가장 행복한 사람은 누구인가'라는 제목으로 국민들의 의견을 수렴한 적이 있었다. 4위는 생명이 위독한 환자를 수술로 방금 살려낸 의사였다. 3위는 섬세한 공예품을 완성하고 휘파람을 부는 목공이었다. 2위는 아기를 깨끗하게 목욕시키고 몸에 분을 발라주며 웃는 어머니였다. 그리고 1위는 모래성을 막 완성한 어린아이였다. 행복한 사람들 속에 정치인, 재벌, 귀족, 박사 등은 전혀 포함되지 않았다. 인간은 일에 치일 때보다 보람 있는 한 가지 일을 완성했을 때 진정 행복을 느낀다.

토플러가 주목한 시간의 탈동시화

하루 종일 나무만 패는 나무꾼과 중간중간 도끼날을 가는 나무꾼 중에 누가 더 나무를 많이 팰까. 자신의 노력과 힘만 믿는 나무꾼은 어리석다. 세상이 바뀌었다. 앨빈 토플러는 자신의 미래학 완결편인 〈부의 미래〉를 통해 "21세기 경제는 생산자와 소비자, 강대국과 약소국 식의 단선적·평면적 접근으로는 그 실체를 알 수 없다"고 단언한다. 이른바 새로운 부 창출 시스템이 창조되고 있는 것이다. 대다수 사람들의 의식은 여전히 '부=돈'이란 2차원적인 화폐 경제학에 머물러 있지만, 세상은 이미 공짜 점심이 가능한 3차원의 비화폐 경제 영향력 안에 들어와 있다. 토플러는 "부의 심층에 자리 잡은 시간과 공간, 지식 등 3대 요소의 변화상을 정확히 읽어야 시대적 흐름과의 충돌을 피할 수 있다"고 잘라 말한다.

공간적 차원에서 '미국→중국의 부의 흐름'과 함께, 토플러는 시간의 탈동시화 흐름에 주목한다. 단적인 예가 유럽과 미국의 관계다. '9-5 근무'의 전통적 시간관념에 사로잡힌 유럽은 탄력적 근무로 다양한 시간의 가치를 적절히 활용하고 있는 미국보다 성장이 더디다. 토플러에겐 일본의 장기침체도 시간 요소를 간과한 결과다. 기업이 시속 100마일로 달리는데 정부는 30마일, 교육은 20마일로 뛴다면 결과는 뻔하다. 이렇게 사회 각 부문의 시차가 크면 새로운 부의 창출은 공염불이 된다.

캘리포니아대학교 샌디에이고 캠퍼스의 심리학과 교수 핼 패슐러는 "뇌는 여러 가지 일을 한꺼번에 처리하는 경우가 거의 없고, 오히려 시분할 방식에 가까울 정도로 직선적인 구조를 통해 정보를 처리한다"고 말했다. 그에 따르면 무의식과 자율 신경의 작용을 배제하면 뇌는 한 번에 한 가지씩 일을 처리한다. 그리고 한 가지 일을 끝낸 뒤 다른 일로 넘어갈 때 1000분의 23초 동안 작동을 멈춘다. 이 일 저 일을 왔다 갔다 하면 끝내는 시간만 늦춰질 따름이다. 복잡한 일일수록 뇌가 둘 사이를 오가기가 어려워진다.

패슐러 교수가 초보운전자를 분석한 내용도 흥미롭다. 백미러가 접힌 줄도 모르고 차를 모는 초보운전자는 전두엽을 탓해야 한다. 낯선 일을 할 때 전두엽은 온통 그 일에 시선을 빼앗긴다. 하지만 운전이란 행위가 일상으로 자리 잡으면 좀 더 깊숙한 조직의 담당으로 넘어가기 때문에 대뇌 피질에 여유가 생겨 번뜩이는 대화를 나누는 등 새로운 일을 할 수 있게 된다.

인생을 편집할 때 웬만하면 멀티태스킹은 피하는 게 좋다. 그런데 우리나라 사회는 아직 멀티태스킹의 향수에 젖어 지낸다. 문용린 서울시 교육감이 쓴 〈지력혁명〉이란 책에 보면 이런 글이 있다.

김옥균이 옥황상제에게 소원을 들어 달라고 했다. 이에 옥황상제는 내기 바둑을 두어 김옥균이 이기면 소원을 들어주기로 했다. 다행히 김옥균이 승리했다.
"다름이 아니라 아직도 우리나라에는 많은 사람이 타의에 의해서든 자의에 의해서든 자기가 무엇을 잘하는지, 무엇을 해야 하는지를 모르고 살아가고 있습니다. 귀감이 될 만한 위대한 천재 세 사람만 한국에 다시 태어나게 해주십시오."

옥황상제는 잠시 생각하다가 이공계 기피 현상을 고려하며 아인슈타인, 에디슨, 퀴리 부인을 한국에 다시 태어나게 해주었는데, 시간이 지나도 한국의 발전에 진전이 없자 세 사람을 직접 찾아가 보았다.

먼저 아인슈타인을 만나 보았더니 그는 대학에도 못 가고 허드렛일을 하고 있었다. 옥황상제가 이유를 물었더니 아인슈타인은 수학에 가장 자신이 있지만, 그것만으로는 대학에 들어갈 수가 없다고 했다.

다음으로 에디슨을 찾아갔다. '에디슨은 원래 대학을 안 나왔으니까 잘 되었겠지' 했더니 그는 골방에서 육법전서를 읽고 있었다. 그 이유는 발명은 했는데 특허를 얻기가 어려워 특허 관계법을 공부하고 있다는 것이었다.

마지막으로 퀴리 부인을 찾아갔더니 그녀는 이렇게 말했다.

"여자라고 교육도 잘 시켜 주지 않고, 잘 써주지도 않는군요."

이 이야기는 성공과 행복을 갈망하는 우리에게 부족한 2%가 무엇인지를 암시해준다. 멀티 태스킹보다는 강점 계발이 필요하다.

멀티 태스킹보다는 강점 계발을

기사를 받았는데 도통 핵심 메시지가 뭔지 헷갈리거나 제목이 머릿속에서만 맴돌 뿐 밖으로 나오지 않을 때 필자는 펜을 내려놓고 잠시 바람을 쐰다. 읽은 기사에서 생각나는 핵심 단어 하나만 꺼내 입으로 중얼

거리면서 뇌가 뭔가를 꺼내 주기를 기다린다. 그러면 십중팔구 원하던 제목을 얻어낼 수 있다.

다중지능Multiple Intelligence 이론을 주창한 하워드 가드너 박사는 "사람 속에는 여덟 가지 종류의 지능이 함께 존재한다"고 말했다. 하버드대학 교육대학원의 교육심리학과 교수를 역임한 가드너는 "다중지능은 언어지능, 음악지능, 논리수학지능, 공간지능, 신체운동지능, 인간친화지능, 자기성찰지능, 자연친화지능인데 이것들은 한 개인 속에 모두 존재하지만 각 지능의 높낮이는 사람별로 차이가 있다"고 밝혔다.

다중지능 연구성과에 따르면 성공한 사람은 다중지능 중에서 자신의 강점을 찾아 집중계발했다. 모차르트, 베토벤, 정명훈, 서태지 등은 음악지능을 특별히 발휘하여 성공했다. 피카소, 레오나르도 다 빈치, 백남준 등은 탁월한 공간지능을 무기로 성공했다. 또 골프 황제 타이거 우즈, 박세리, 미셸 위 등은 뛰어난 신체운동지능의 덕을 봤다.

그렇다면 이런 다중지능을 어떻게 끌어낼 수 있을까. 방법은 의외로 간단하다. 바로 아이들에게 "공부 잘해라, 꼭 1등 해야 돼"라고 잔소리하는 대신에 꿈을 가지라고 격려해 주는 것이다.

다중지능 이론은 편집의 원리와 많이 닮았다. 이 책의 서두에서 인용했듯이 완벽함은 더 이상 뺄 것이 없을 때 완성된다. 편집은 핵심적인 하나를 잡고 나머지를 버리는 것이다. 대신 그 핵심적인 하나를 최대한 크고 돋보이게 만든다. 21세기는 링크의 시대이지 않나. 가장 잘 할 수 있는 분야에 집중하고, 나머지는 그냥 링크해두면 된다. 미디어는 뉴스 기사와 그 배경이 되는 기사를 링크하고, 소매업계는 제품 정보를 더 자세히 알려주기 위해 제조업체들과 링크한다. 제조업체들은 제품에 대한 피드백을 위해 의견을 말하는 고객들과 링크하고, 책을 쓰는 저자들은 전문가들과 링크한다. 이밖에도 많은 직업군의 사람들이 주전공 이외의 정보를 전달하기 위해 링크를 활용한다. 나머지는 링크에 맡겨두고 자신의 가장 중요한 꿈을 향해 매진하는 자세가 중요하다.

14

문제는 '문제 아닌 문제점'

원숭이를 손쉽게 잡는 방법이 있다. 손이 겨우 들어갈 만한 크기의 병 안에 바나나를 넣어보라. 바나나를 움켜쥔 원숭이는 손을 뺄 줄 모른다. 자신이 사냥 당하는 줄도 모르고 손에 쥔 바나나를 놓지 않는다.

"동물이니 그렇겠지"라고 생각하면 오산이다. 우리네 경제 생태계의 역사를 되짚어 보면 나름 똑똑하다고 자부하는 이들이 17세기의 튤립 투기, 18세기의 남해 버블 사건, 21세기의 IT 대거품 때 치명적인 손해를 입었다. 가진 것을 놓지 못하고 집착하고 욕심내고 오버하다가 화를 입는다는 점에서 인간과 동물은 종이 한 장 차이다.

최남수 머니투데이방송MTN 보도본부장이 쓴 〈교실 밖의 경제학〉은 "욕심이 잉태한즉 죄를 낳는다"고 잘라 말한다. 한때 맞춤형 PC 제조로 미국 시장을 주름잡던 델이 기존 사업모델에 안주하다가 하루아침에 망가질 줄 누가 알았을까. 사람들은 경제나 시장 상황이 좋으면 그게 계속될 것으로 오판하고, 나빠지면 비관론에 휩싸여 상황을 더 악화시키는 악수를 둔다.

편집 사회에도 오버를 경계하는 격언이 하나 있다. "연을 최대한 높이 날리되 끊어뜨리면 안 된다"가 그것이다.

OTT 플랫폼의 가격 횡포를 고발하는 기사가 있었다. 단 한 번에 58% 가격 인상을 선포한 쿠팡와우 얘기가 주된 소재이다. 무료나 저가 정책으로 시장을 좌지우지하게 된 유튜브·넷플릭스 등이 상식을 벗어나는 가격 인상 전략을 잇달아 내놓아 물의를 일으킨 와중이었다. 이미 그들에게 일상의 중요한 부분들을 내준 소비자들은 울며 겨자 먹기로 그 정책을 받아들일 수밖에 없다. 공정거래위원회가 공정거래법안을 추진하긴 했지만, 업계의 반발에 부딪혀 현실화하는데 실패했다.

소비자 입장에서 열 받는 주요 키워드는 '58% 가격 인상'과 '플랫폼 천국' 등일 것이다. 이런 기사를 처리하다 자칫 오버할 수 있다. 제목의 표현이 세지고 감정이 과도하게 개입되다 보면 따끔하기보다는 거북한 제목이 될 가능성까지 있다. 최대한 감정을 배제하고 팩트로 때려야 한다. 그래서 고민 끝에 소비자가 아닌 플랫폼 입장에서 제목을 만들어 봤다. '괜찮네. 한 번에 이렇게 왕창 올려도 아무런 문제가 없는 한국 참 좋네.' 아마도 플랫폼 기업들의 머릿속엔 이런 생각이 있지 않았을까. 고맙게도 회사 이름이 그들의 마음을 자연스레 대변해 주고 있다. 〈와우… 58% 값 올려도 제재없는 '플랫폼 천국'〉이라는 제목으로, 기쁨의 감탄사인 '와우'가 일그러진 시장을 역설적으로 보여줄 수 있게 했다.

와우 ··· 58% 값 올려도 제재없는 '플랫폼 천국'

고객 울리는 구독 플레이션

'시장 장악뒤 올리기' 전형적 수법
유튜브·넷플 이어 쿠팡 대폭 인상
고물가 시대 '고정비용' 커지는 셈
공정위 추진 법안, 업체 반발에 좌절

쿠팡이 유료 멤버십인 와우의 월 구독료를 단번에 58.1% 올렸다. 지난해 말 유튜브와 넷플릭스 등 주요 구독 서비스가 가격을 올린 데 이어 쿠팡까지 세하면서 이른바 '구독플레이션'(구독+인플레이션)이 심화하고 있다.

14일 업계에 따르면 쿠팡·유튜브·티빙 3개 플랫폼을 구독할 경우 매달 나가는 구독료는 3만9790원이다. 3개 플랫폼 구독료가 전인 지난해 11월(2만9340원)보다 35.6% 올랐다. 1년 단위로 따지면 12만원을 더 내야 한다. 쿠팡은 13일부터 신규 회원의 와우 월 구독료를 4990원에서 7890원으로 인상했다.

대형 온라인 플랫폼의 가격 인상 릴레이는 지난해 11월부터 본격화했다. 프리미엄 구독료 월 1만7000원인 넷플릭스가 계정 공유를 금지하면서 사실상 2배 가격 인상 효과를 냈다. 유튜브 프리미엄은 지난해 12월 구독료를 1만450원에서 1만4900원으로 42.6% 올렸다. 티빙은 같은 달 1만3900원 요금제를 1만7000원으로 22.3%, 디즈니플러스도 비슷한 시점에 9900원에서 1만3900원으로 40.4% 가격 인상에 나섰다. 쿠팡·유튜브·티빙에 다른 온라인 동영상 서비스(OTT)나 멜론 등 구독 서비스를 추가하면 매달 10만원에 가까운 멤버십 비용을 내야 한다.

멤버십 비용은 구독 가구 입장에선 일종의 고정비용으로 작용한다. 매달 나가는 전기·가스요금과 같은 공과금, 보험료처럼 안 쓴다고 해서 줄이기 어려운 비용이다. 농산물, 유가 등 전반적인 물가가 줄줄이 오르는 상황에서 고정비용이 늘어나는 셈이다. 통계청은 품목별 가계 지출 동향을 분기별로 발표하지

만, 구독서비스에 대한 지출은 따로 구분하지 않는다. 통계로 나타나지 않는 가계 부담이 더 클 수 있다는 뜻이다.

이은희 인하대 소비자학과 교수는 "밥이 많지 많은 1인가구나 젊은 세대를 중심으로 구독료 인상으로 인한 부담이 크게 작용할 것"이라며 "유튜브등 OTT 서비스가 일상생활의 일부로 자리 잡은 상황에서 이를 당장 끊는 것도 어려운 일이다. 다른 지출을 줄이게 될 것"이라고 말했다.

가격이 조금만 올라도 소비자 저항에 부딪히는 일반적인 상품과 달리 멤버십 구독료는 한 번에 대폭 올라간다. 다른 것을 이용할 수 없는 독과점 환경이 만들어져서다. 소비자 입장에선 비싸도 쓸 수밖에 없는 상황이다. '무료·저가→시장 장악→가격 인상'은 플랫폼 기업의 전형적인 수법이다. 반대로 배달앱 시장에서 배달의 민족에 밀린 요기요의 경우 무료 배달 멤버십인 요기패스X 월 구독료를 지난해 11월 9900원에서 4900원으로, 지난달엔 2900원으로 순차 인

하했다. 독점 플랫폼과 달리 업체 간 경쟁이 심화한 영향이다.

플랫폼의 가격 인상 패턴이 반복되지만, 선제 대응에 실패했다는 지적이 나온다. 공정거래위원회는 가격 인상의 전 단계인 시장 장악을 최소화하기 위해 '플랫폼 공정경쟁 촉진법'(플랫폼법)을 추진했지만, 업계 반발에 막히면서 원점 검토로 돌아섰다. 그 사이 대형 플랫폼이 영향력을 더 키우면서 소비자가 특정 플랫폼에 묶여버리는 '락인 효과'는 강화됐다. 공정위 관계자는 "이미 독점이 이뤄진 상황에선 견제할 수단이 마땅치 않다"고 말했다.

구독 가격 인상이 이어지면서 소비자 불만이 커지는 만큼 야당이 다수석을 차지한 22대 국회에서 플랫폼법 제정이 탄력을 받을 수 있다는 분석이 나온다. 야당이 입법 주도권을 갖게 되면 정부와 여당이 이전에 추진하려던 플랫폼법보다 규제 대상과 수위가 확대될 가능성이 크다.

세종=정진호 기자
jeong.jinho@joongang.co.kr

돌아보면, 온통 오버 투성이다. 혹시 비 오는 날 친구들과 야구를 해봤는가. 추적추적 내리는 비를 맞으며 마운드에 서면 평소와 다르게 시야가 트여 포수와 거리가 짧아 보이고 손에 물이 묻어 공이 평소보다 잘 채진다는 느낌이 든다. 그러나 어깨가 식어있고 공기 중에 있는 비로 인해 공이 평소보다 안 간다. 그렇다 보니 평소보다 힘이 더 들어간 채 공을 던지기 쉽고 그러면서 몸에 과부하가 걸린다.

오버와 관련해서 생각나는 영화가 있다. 톰 새디악 감독의 〈브루스 올마이티〉에서 평범한 리포터로 일하던 주인공 브루스는 실제로 신이 휴가를 간 사이에 대타로 전지전능한 신의 역할을 맡게 된다. 그런데 사람들이 기도한 대로 그들의 소원을 다 들어주기 시작하자 세상은 일대 혼란에 빠지고 말았다. 사람들이 원하는 것을 다 해줄 수 있음에 기뻐하던 브루스는 결국엔 두 손 두 발을 다 들고 만다. 신이 휴가를 마치고 돌

아와 이러지도 저러지도 못하는 브루스에게 한 말은 이랬다.

"사람들은 기적의 능력을 갖고서도 그걸 잊고 나한테 소원을 빌어. 기적을 보고 싶나? 자네 스스로 기적을 만들어 봐."

영화는 우리가 원하는 대로 모두 이룬다는 것이 얼마나 말도 안 되는 일인가를 있는 그대로 보여주면서, 자신의 상황과 능력에 맞는 소원을 갖는 것만이 스스로 기적을 만들어내는 일임을 커다란 웃음과 함께 알려준다.

사람에게는 얼마만큼이 필요할까

하지만 우리네 현실이 상황과 능력에 맞길 바라는 것은 비현실적이란 사실을 우리는 잘 알고 있다. 일찍이 러시아의 대문호 톨스토이도 〈사람에게는 얼마만큼의 땅이 필요할까요?〉라는 소설을 통해 적정 수준 측정의 어려움을 지적했다.

주인공 바흠은 가난한 농부다. 땅을 조금씩 넓히며 근근이 살아온 그에게 악마는 파격적인 제안을 한다. 해 뜰 무렵부터 해 질 녘까지 걸어서 제자리로 다시 돌아온 만큼의 땅을 주겠다는 것이었다. 단, 해 질 녘까지 돌아오지 못하면 바흠의 얼마 안 되는 땅은 모두 지주가 갖는다는 조건이었다.

처음엔 가벼운 마음으로 출발했지만 다시없을 기회라는 생각에 바흠의 발걸음은 점차 빨라졌다. 땡볕에 쉬지도 않고 헐떡이며 최대한 달리고 달렸다. 이쯤 됐다 싶어 돌아가려 할 때마다 더 넓고 비옥한 토지가 바훔의 눈앞에 어른거렸다. 결국 바훔은 조금이라도 더 땅을 가지고 싶어 발걸음을 돌릴 수가 없었다.

　얼마나 시간이 지났을까? 점점 해가 뉘엿뉘엿 지기 시작했다. 이제 마음이 급해진 그는 돌아가기 위해 필사적으로 달리기 시작한다. 해가 서쪽 하늘로 거의 사라질 무렵, 바훔은 그제야 출발했던 곳으로 겨우 돌아왔다. 그런데 하루 종일 수고하며 걸었던 땅이 내 것이 되려는 순간 너무 무리한 나머지 바훔은 심장마비에 걸린다. 결국 그 자리에서 쓰러져 죽은 바훔. 그에게 필요한 땅은 단지 자신이 묻힐 만한 크기인 $2m^2$ 남짓일 뿐이었다.

　그런데도 사람들은 더 많은 땅과 더 큰 아파트, 더 많은 재산을 가지기 위해 얼마나 욕심을 부리는가. "당신이 사는 곳이 당신을 말해준다"는 아파트 광고가 버젓이 공중파를 타고, '타는 차'와 '메는 가방', '신는 구두'를 업그레이드시키기 위해 불철주야 애쓰는 '앞진 앞으로'의 삶이 대유행을 타고 있다. 이 모든 것의 이면에는 성장만 외쳐대는 직선적인 삶의 자세가 있다.

　잘못돼도 한참 잘못됐다. 내가 어떤 취향을 가졌는지, 내가 누구를 사랑하는지, 내가 어떤 인생의 가치를 가지고 있는지가 더 중요한데 이 현실은 어인 일인가. 하늘을 올려다보고 주위를 둘러보면 '부피'를 느낄 수 있다. 선이 면이 되고, 면이 입체가 되면 행복을 한가득 채워 넣을 수 있다. 이런 사고방식을 가지면 자녀교육에 목매다가 노후준비를 망치는 우를 피하게 되고, 아프리카 목동이 왜 세계 최고의 부자인지 깨닫게 된다. 그러면 "나 혼자 천 발자국 앞서가는 것보다 천 명이 손잡고 한 발자국 가는 게 더 중요하다"는 시골의사 박경철 원장의 말에도 고개를 끄덕일 수 있다.

머니투데이에서 발간한 〈찡한 이야기〉에서 읽은 내용이다. 서울의 성형외과 의사 한성익 씨는 안면 장애자들에게 만원에 성형수술을 해준다. 안구암 치료 때문에 오른쪽 눈이 없는 처녀, 귀가 하나뿐인 어린이, 입천장이 뚫려 물 마실 때마다 한쪽 눈으로 물이 새는 남자는 거의 공짜로 치료를 받을 수 있다. 대신 누군가에게 선행을 하겠다는 약속만 하면 된다. 그리고 이런 얘기도 있다. 고려대 재학시절 '영철버거 사장님'의 도움을 받은 후 기부천사가 된 고 영 컨설턴트. 적지 않은 연봉을 받고 있지만 그의 통장엔 잔고가 없다. 월세와 식비를 포함한 최소한의 생활비만 남기고 월급의 대부분을 어려운 이웃과 사회를 위해 기부하기 때문이다.

인지적 구두쇠 효과에 따르면 인간의 뇌는 100개의 정보에 노출됐을 때 단 한 개의 정보만을 받아들인다고 한다. 각자의 태도에 근거해 한 가지만이 선택되고 나머지는 뇌 속 스팸 필터가 아웃시켜 버린다. 수많은 정보 중에서 자신이 택하고 싶은 한 가지를 가지고 스스로 행복한가 불행한가를 판단한다는 것이다. 돈만 뚫어지게 보고 있으면 다른 것을 볼 수가 없다. 돈 뒤에 있는 더 중요한 것을 볼 줄 알아야 한다.

아기의 울음에도 세 종류가 있다

우리가 흔히 잘 구별하지 못해 혼용하는 것이 문제와 문제점이다.

'너는 그게 문제야.', '그 축구선수의 문제점은 뭐야.' 이런 식의 얘기들 많이 한다. 세상을 살다 만나게 되는 모든 문제에는 문제점이 있다. 하지만 문제와 문제점은 뜻이 조금 다르다.

문제가 해결책이 필요한 상황이라면, 문제점은 문제를 발생시킨 지점 즉 문제의 원인을 가리킨다. 다만 문제점은 해결이 가능해야 한다.

어제 비가 많이 왔는데 어떤 사람이 빗길에서 휴대폰으로 유튜브를 시청하며 운전을 하다가 교통사고를 냈다면 문제는 뭐고, 문제점은 무엇일까. 문제는 교통사고 그 자체이고, 문제점은 유튜브 시청일 것이다. 비가 문제를 발생시킨 원인인 것은 맞지만, 사람의 힘으로 해결할 수 있는 문제가 아니라서 문제점은 아니다.

사실 필자는 문제점을 정확히 알아차리는 게 중요하다는 사실을 아들이 갓 태어났을 때 제대로 배웠다. 첫돌이 되지 않은 아들은 모든 의사소통을 울음으로 했다. 아이가 운다는 것은 부모로서 큰 문제인데, 정확한 문제점을 모르면 그의 불만을 해소해 줄 수가 없다. 관찰과 공부를 통해 열심히 아이의 울음을 분석해야만 했다. 결론은 "아기의 울음엔 3가지 종류가 있다"였다.

생후 몇 개월 된 아기가 비교적 작고 짧게 울 때는 누운 자세가 불편함을 알리는 신호일 가능성이 높다. 베개의 위치나 기저귀와 겉옷 간의 균형이 흐트러졌다고 판단되면 20데시벨 이하의 음성으로 부모를 부른다. 따라서 잠깐 들어 토닥거려 주는 것만으로 아기의 평온은 쉽게 돌아온다.

하지만 아기가 보다 긴 호흡으로 운다면 십중팔구 실례(?)를 범했을 것이다. 이때는 괜히 안고 달래봐야 소용없다. 기저귀를 갈아주는 것 외에 울음을 멈추게 하는 별다른 해결책이 없다.

배가 고플 경우의 울음소리는 전혀 딴판이다. 식사요청 신호는 두세 시간에 한 번꼴로 나타난다. 아기가 짧게 여러 번 고함치듯 울 때는 젖병 이외의 백약이 무효이다. 이때의 고성은 상상을 초월한다. 아앙 아앙 아앙…. 일단 터져 나온 울음소리는 곧 음식 나온다고 아무리 알려도 젖꼭지가 입안에 들어올 때까지 지속된다.

역사적으로는 이스라엘의 다윗왕이 문제와 문제점을 잘 구별한 사례로 손꼽힌다. 기독교인이 아니라도 대부분 이름을 아는 다윗은 소년 시절 골리앗이라는 거인 적장을 무너뜨렸다. 당시 다윗에게 문제와 문제점은 각각 무엇이었을까. 골리앗을 쓰러뜨려야 한다는 게 문제라면, 문제점은 골리앗의 온몸이 갑옷으로 둘러져 있다는 것이었다. 아무리 성능이 좋은 것이라 하더라도 칼이나 창으로는 골리앗을 쉽게 이길 수 없는 상황이었다. 당시 이스라엘 왕인 사울이 준 갑옷이 몸에 안 맞는 것도 문제점이 아니었다. 그건 몸이 아직 작은 다윗의 형편에서 해결할 수 있는 부분이 아니었기 때문이다. 그래서 다윗은 자신에게 주어진 사울 왕의 갑옷을 과감히 포기하고, 대신 골리앗의 갑옷에만 온 정신을 집중했다. 그리고 돌팔매질로 골리앗을 쓰러뜨릴 수 있는 곳이 딱 한군데 있다는 것을 단박에 알아냈다. 바로 이마였다. 다윗은 그렇게 골리앗의 허를 찔렀다.

스티븐 스필버그 감독이 예전에 만든 영화 〈죠스〉도 문제와 문제점을 잘 구별해 현실적으로 타당한 대안을 제시한 케이스라고 할 수 있다.

프란스 요한슨이 쓴 〈클릭 모먼트〉에 따르면, 원래 스필버그는 "도입부에 상어를 등장시키고, 해가 질 무렵에 늘씬한 여성의 수영 장면을 보여준 뒤 수없이 많은 희생자를 만들어낸다"는 계획을 가지고 있었다. 그런데 기계 상어가 제대로 말을 듣지 않았다. 어설픈 특수효과 때문에 재난영화가 완전히 '재난'이 되는 상황이 연출될 수도 있겠다고 생각한 스필버그는 문제점을 정확히 직시해 "상어를 보여주지 말자"는 역발상 해법을 내놓는다. '빠-밤 빠-밤' 테마곡이 오감을 뒤흔들었지만, 마지막까지 관객들은 엄청난 반향을 일으킨 괴물 죠스를 눈으로 직접 보지 못했다.

15

손가락질 대신 손바닥질

아프리카의 어느 부족은 너무 웃자라 불편하거나 쓸모없게 된 나무가 있을 경우 톱이나 칼로 잘라 버리는 게 아니라 온 부락민들이 모여 그 나무를 향해 크게 소리 지른다고 한다. "너는 살 가치가 없어!", "나는 널 사랑하지 않아!", "너는 왜 그렇게 사니?", "차라리 죽어 버려"…. 나무가 들어서 가슴 아파할 만한 말을 계속하면 정말 나무가 시들시들 말라 죽어 버린다는 것이다.

〈내 생애 단 한 번〉에서 고故 장영희 교수는 "말 한마디가 생명을 좌우할 만큼 폭력적일 수 있고, 그만큼 깊은 상처를 줄 수도 있다"고 간파했다. 신체적인 상처는 세월이 가면 어느덧 딱지가 앉고 아물지만, 마음의 상처는 10년 아니 20년이 지나 아물었는가 싶으면 다시 도지고 덧나 피를 줄줄 흘리기 때문이다. 하지만 그런 줄 알면서도 우리는 너무 쉽게 남의 마음을 아프게 한다. 무심히 내뱉은 말이 비수가 되어 상대방의 가

슴에 꽂히기도 하고, 어떤 때는 일부러 남에게 못할 말을 하고 나서 두고
두고 후회하기도 한다.

타인의 마음을 얻어야 하는데 오히려 타인을 향한 손가락질이 습관
이 돼 있진 않은가. "이거 하나 제대로 못 해?"라는 말과 함께 검지가 타
인을 가리킬 때 다른 세 손가락은 자기 자신을 흉보고 있다. 한 손으로
하는 손가락질보다는 두 손으로 하는 손바닥질을 해주자. 손바닥질은
박수다. 손바닥을 서로 맞부딪치며 상대방을 격려하고 축하하면 얼마
지나지 않아 나도 손바닥질을 받는 게 세상 이치다.

신문사에서 편집기자로 일한다는 말은 협업의 대상이 많다는 것과
동의어이다. 기사를 읽고 제목을 뽑는 것은 지극히 개인적인 일이지만,
하나의 지면을 편집하기 위해서는 취재기자나 그래픽기자(디자이너)와

끊임없이 소통해야 한다. 편집
기자치고 개성이 뚜렷하지 않
은 사람 없지만, 편집기자치고
성격이 모난 사람도 잘 없는 게
이런 이유에서다.

오늘 일이 끝나도 내일 다
시 같은 일상을 반복해야 하기
때문에 개인적으로도 소통의
말에 신중을 기하려고 한다. 어
느 날 가슴에 꽂힌 말의 상처
는 어떤 식으로든 다음 작업 때

영향을 미치기 때문이다. 편집기자가 디자인을 책임져주는 동료와 깊은 신뢰 관계를 맺고 있으면 일을 할 때 전혀 기대하지도 않은 행운을 얻을 수 있다. 〈'내 뒤 미국 있다' 인텔의 도발 "삼성이 내 뒤에 있게 만들겠다"〉는 지면은 전적으로 이미지 덕분에 제목이 산 케이스이다.

이 기사는 중앙일보 유료 콘텐츠를 지면용으로 압축한 것인데 사실 제목을 뽑는 편집기자나 이미지를 구상하는 디자이너는 1만 글자 정도 되는 콘텐트를 읽으며 내용을 파악해야 한다. 해당 지면이 '한 지면 한 기사' 사이즈라서 지면용 압축 기사가 완성되는 시간이 상당히 늦다. 그에 비해 꾸며야 할 이미지는 거대하기 때문에 대개 '온라인용 대하소설'을 읽어 제목과 이미지 아이템을 잡는다.

편집기자의 입장에서 기사의 핵심을 뽑아보니 '반도체 부활을 꿈꾸는 미국이 국가 대표였던 인텔을 꼭 집어 다시 키우려 하고, 미국 정부를 등에 업은 인텔은 파운드리 2위인 삼성을 제치고 자신이 2위가 되겠다는 야심을 대놓고 밝힌다' 정도였다. 대략 이 정도를 디자이너에게 얘기하고 본격적인 제목 구상에 들어갔는데, 1시간 정도 지난 뒤 눈앞에 반도체칩 튕기는 이미지가 떡하니 나타났다. 디자이너 후배는 필자의 제목을 살려주기 위해 1만 자 기사를 읽고 또 읽어 인텔의 뉘앙스를 완벽하게 살려줬다. 고맙다는 인사가 저절로 터져 나오는 감격의 순간이었다.

예전에 모 신문에서 접한 내용인데 농구 황제 마이클 조던도 이런 감격을 맛본 적이 있었다. 조던은 시카고 불스에 입단하기 전 지독하게 가난했다. 시카고로 초청을 받고도 항공료를 구하지 못해 애를 먹었을 정도였다. 간신히 시카고 공항에 도착했지만, 경기장까지 갈 차비도 없었다. "태워주면 나중에 꼭 은혜를 갚겠다"는 말로 택시를 잡아봤지만, 많은 택시 기사들은 그냥 욕을 하며 그를 태워주지 않았다. 오랜 기다림 끝에 한 택시 기사가 조던을 경기장까지 태워주었다.

"시카고 불스에서 좋은 모습을 보여주세요. 제가 당신의 첫 번째 팬이 되겠습니다."

그는 이 말을 조던에게 남기고 다시 생활 전선을 뛰어들었다. 그 후 조던은 멋진 플레이로 화답했고, 약간의 돈을 벌기 시작했다. 약속을 지키기 위해 언론과 인터뷰를 할 때마다 그 택시 기사를 찾았다. 결국 두 사람은 만나게 되었고, 그해 그 택시 기사는 시카고의 가장 유명한 인물이 되었다. 칭찬은 칭찬받는 이를 세우고 더불어 칭찬한 이까지도 높이 든다.

당근이냐 채찍이냐, 선택의 순간

살다 보면 손바닥질을 해야 할지 말아야 할지 헷갈릴 때가 있다. 충분히 박수받을 만하다고 백이면 백이 말할 경우에는 문제가 없지만, 적당히 잘했을 경우에는 당근과 채찍 중 무엇을 들어야 할지 고민이 되는 게 사실이다.

이스라엘군이 6일 전쟁을 치르면서 최고의 전투력을 자랑하던 1960년대에 비행교관들은 훈련생들에게 칭찬보다는 잘못을 지적하는 교육법을 채택하고 있었다. 교관들이 이구동성으로 이런 말을 했기 때문이었다. "고난이도의 기동작전을 깔끔하게 해낸 조종사들을 칭찬하면 다음에 할 때 더 나빠지고, 반대로 제대로 해내지 못한 조종사들을 야단치면 다음에 할 때 더 나아지는 경우가 많았다." 과연 이 말이 맞을까. 칭찬을 하면 성과가 악화되고 야단을 치면 성과가 개선되는 것일까. 평균으로의 회귀Regression toward the mean라는 통계적 현상은 다른 얘기를 해준다.

만일 어느 날 최고의 골프점수를 기록했다고 해보자. 그러면 칭찬하든 야단치든 다음번 기록은 나빠질 가능성이 크다. 전체 기록은 중간값(평균)으로 돌아가게 마련이기 때문에 특별히 잘되는 날에 칭찬을 했는데 다음번에 성적이 나빠졌다고 해서 칭찬이 역효과를 냈다고 결론을 내려서는 안 된다.

속지 말아야 한다. 칭찬과 훈계의 효과는 평균값 업그레이드에 얼마나 기여를 하느냐의 잣대로 측정하는 게 맞다. 그리고 그 잣대로 보면 칭찬(손바닥질)은 훈계(손가락질)보다 위력적이다. 평균값을 바꾸는 에너지는 마음에서 흘러나오는데, 그 마음을 움직이는 힘은 분명 훈계보다 칭찬이 더 세기 때문이다.

앞에서 얘기했듯이 모든 편집 전략은 호모 심비우스를 염두에 두고 세워야 한다. 자신에 대한 믿음과 스스로에 대한 칭찬도 중요하지만, 협업의 대상에게 어떤 칭찬을 하느냐에 따라 '내 인생 편집'의 결과물도 달라질 것이기 때문이다.

그리고 칭찬을 할 것이라면 좀 더 정교하게 실행에 옮길 필요가 있다. 이와 관련해서 국민일보 칼럼에서 접한 '지능칭찬'과 '노력칭찬' 개념이 이해를 도울 수 있을 것 같다. 칭찬 연구를 통해 칭찬에 급級과 격格이 있음을 밝혀낸 연구진이 있다. 바로 스탠퍼드대학의 드웩 교수팀이다. 그들은 수백 명의 초등학교 5학년 학생들을 A와 B라는 두 집단으로 나눠 좋은 칭찬과 나쁜 칭찬에 관한 4차례의 실험을 했다.

첫 실험은 두 집단의 학생 모두가 좋은 점수를 받을 수 있는 문제 10개를 낸 후 풀도록 했다. 연구팀은 두 집단의 학생들에게 각각 다른 방법으로 칭찬을 했다. A집단에게는 "너 참 똑똑하구나"라는 지능칭찬을 했다. 그래서 그들이 특별한 재능을 타고났다는 느낌이 들도록 했다. 반면 B집단에게는 "공부를 많이 했구나"라는 노력칭찬을 했다. 이 학생들은 그저 노력한 데에 대한 칭찬을 받았다는 느낌만 가질 정도였다.

두 집단은 처음 시작할 때는 정확히 똑같았다. 하지만 두 번째 실험부터 확연한 차이를 보이기 시작했다. 연구팀은 처음 수준의 문제와 더 어려운 문제 중 하나를 학생들에게 택하게 했다. 그랬더니 지능칭찬을 받은 A집단은 대부분 쉬운 문제를 선택했다. 문제를 풀지 못하게 되면 "똑똑하다"는 평가가 달라질 수도 있기 때문이었다. 그러나 노력칭찬을 받은 B집단은 90%가 자신들이 뭔가 새롭게 배울 수 있는 도전적인 문제를 선택했다.

세 번째 실험은 공통 문제였다. 두 집단 모두에게 엄청나게 어려운 문제를 제시했다. 그랬더니 지능칭찬을 받은 학생들은 문제를 풀다가 곧 지쳐버렸다. 하지만 노력칭찬을 받은 학생들은 힘들어하면서도 얼굴에는 의욕이 넘쳤다.

연구팀은 노력칭찬과 지능칭찬의 차이를 통제력에서 찾는다. 노력칭찬을 받은 학생들은 자제력을 배우고 스스로를 통제하는 힘을 경험했지만, 지능칭찬을 받은 학생들은 그런 경험을 하지 못해 어려움에 처하면 속수무책이 된다.

이런 차이는 성과와 직결된다. 연구팀이 마지막으로 두 집단에게 처음 수준의 시험을 다시 보게 했더니 지능칭찬을 받은 A집단은 첫 시험보다 20% 정도 성적이 내려갔다. 그러나 노력칭찬을 받은 B집단은 30% 정도나 성적이 올라갔다.

이 연구를 통해 알게 된 또 하나의 놀라운 일이 있다. 연구팀은 실험을 마친 후에 학생들에게 실험 평가서를 작성하게 했다. 그런데 지능칭찬을 받은 학생들의 40% 가량이 본인의 점수를 기록하는 난에 진짜 점수보다 높은 거짓 정보를 적었다. 칭찬이 비난으로 바뀔까 봐 걱정한 것이다. 이 같은 결과에 대해 드웩 교수는 "평범한 아이들에게 똑똑하다는 말만 해줘도 그 아이들을 거짓말쟁이로 만들 수 있다는 사실이 놀라웠다"면서 "아이들에게 똑똑하다고 칭찬할 때는 세심한 주의가 요구된다"고 말했다.

'머니볼 이론'이라는 말이 있다. 이 말은 영화 〈머니볼〉에서 시작된 말인데 "경기 자료를 철저히 분석해 선수를 적재적소에 배치해서 승률을 높인다는 게임이론"이다. 이 영화에서 단장은 고정관념을 버렸다. 스펙이 화려한 우수한 선수보다 잠재력이 있는 참신한 선수들을 선발해 그들을 끝까지 믿어주는 데서 선수들은 메이저 역사상 기적을 이끌어냈다. 반면 〈메이저리그〉란 영화는 반대다. 여기선 구단주가 팀 성적을 망치려고 하지만 선수들이 똘똘 뭉쳐 우승을 이뤄낸다는 얘기다. 이 영화에선 감독과 주축 선수 몇 명이 팀을 하나로 만든다.

손바닥질을 하는 게 생각보다 간단치는 않지만 핵심은 믿음이다. 누군가가 자기를 믿어줄 때 사람은 그를 위해 생명도 거는 것이다. 가정에서도 자식을 믿어주는 부모가 돼야 그 자식이 실망을 시키지 않는다.

교통사고 나면 목소리 큰 사람이 꼭 이길까

더불어 살아가는 우리네 세상사는 손가락질과 손바닥질 중에서 하나를 선택하는 걸로 끝나지 않을 때가 많다. 복잡다단한 요즘 세상은 시쳇말로 '밀당'이라고 많이들 쓰는 협상의 시대이다.

단적인 게 연봉계약 아닌가. 연봉제가 확산되면서 영업직이 아닌 직장인에게도 협상은 여간 두통거리가 아닌 게 돼버렸다. 남들은 화려한 말빨로 20%를 올렸다는데, 숫기 없는 난 번번이 동결이다. 사장을 만나면 세게 나가리라 마음먹지만 막상 얼굴을 대하면 늘 지는 게임을 한다.

비단 월급 문제뿐이랴. 우리네 인생 자체가 협상 게임의 연속이다. 시장에서 콩나물값을 깎을 때도, 연인과 사랑싸움을 할 때도, 크리스마스 선물 사달라는 자녀와 가격대 흥정을 할 때도 양보를 이끌어내는 기술은 긴요하다. 협상은 생활 속에 널려있는 친숙한 존재다. 잠자리를 벗어나면 식사를 하고, 일과를 마친 후엔 이런저런 휴식거리를 찾듯 협상은 일상의 일부다. 세계 2차대전 때 협상 원리를 모른 영국의 체임벌린 수상은 히틀러와의 협상에서 패해 2500만 명을 사지로 몰아넣었다.

협상의 기본은 감정의 통제

그렇다면 말싸움을 넘어 협상을 잘하려면 어떤 스킬이 필요할까. 〈현명한 사람의 논쟁법〉이란 책이 강조하는 감정의 통제 기술을 유념해서 볼 필요가 있다. 교통사고 났을 때 목소리 큰 사람이 이긴다고 화부터 버럭 내선 곤란하다. 상대방과의 합의지대를 찾고, 그 안에서 연관성을 만들어 마음에서 우러나온 동의와 협조를 이끌어내야 한다. 논쟁에 신용을 더하는 법, 허술한 논리가 잘 빠지는 함정, 상대방을 사로잡는 어휘력 등 말싸움의 진수로 무장하더라도 심정적 지지를 못 받으면 결코 논쟁의 대가가 될 수 없다.

세계적인 협상구루인 스튜어트 다이어몬드 와튼스쿨 교수도 같은 얘기를 한다. 다이어몬드 교수는 〈어떻게 원하는 것을 얻는가〉라는 책에서 상대와 효과적으로 소통하는 최고의 방법을 감정적 지불이라고 말하며, 이것을 상대의 감정과 나란히 서서 묻는 것이라고 풀이했다. "협상에서 가장 중요한 사람은 상대방이며, 자신은 가장 덜 중요한 사람이 되어야 한다"는 것이다. 협상은 원활한 소통이 선행되어야 순조롭게 진행되므로 협상을 할 때는 반드시 상대의 감정에 맞춰줘야 한다.

1960년대 미국을 이끌었던 케네디 대통령은 토론의 달인이었다. 케네디의 어머니인 로즈 여사는 "세계의 운명은 좋든 싫든 간에 자기의 생각을 남에게 전할 수 있는 사람들에 의해 결정된다"는 신념을 가지고 있었다. 그래서 자녀들에게 4살 때부터 토론 훈련을 시켰다. 하지만 그런 케네디도 저성장 때문에 허리띠를 졸라매던 1961년의 어느 날 엄청난 말실수를 하게 된다. 감정의 통제에 실패한 것이다.

인플레를 우려한 정부가 임금인상 요구를 완화해달라고 노조를 찾아다니며 설득하는 와중에 최대 철강업체인 US스틸이 자기만 살겠다고 제품가격 인상을 선언했다. 그러자 케네디는 그만 분을 참지 못하고 기업인들을 향해 "개자식"이란 상소리를 하고 말았다. 열 받은 대통령의 폭언이 언론을 통해 전해지고 법무부 직원, FBI 요원들이 일제히 US스틸 주변을 어슬렁거리자, 월스트리트는 즉각 반응을 보였다. 주가가 한 달여 만에 1백여 포인트 가까이 곤두박질쳤다. "반기업 정서에 사로잡힌 정부가 기업에 칼을 빼들었다"는 루머가 꼬리를 무는 가운데 자고 나면 하루 최대하락 기록이 바뀌는 '대통령 붕괴'가 계속됐다.

하지만 당시의 미국 사회에서 인물 호감도 70%를 자랑하던 케네디는 멋지게 그 위기를 탈출한다. 그렇다고 쿨한 외모로 대충 때운 게 아니다. 'JFK의 비밀'은 빼어난 학습능력에 있었다. 케네디는 자신의 실수를 솔직하게 인정하고 재빨리 해결책을 찾으려고 노력한 열린 마음의 사나이였다. 〈케네디 리더십〉이란 책을 보면, 케네디는 "말쑥한 인상을 주기 위해 하루에 네 번씩 속옷과 셔츠를 갈아입을 정도로 대중을 의식한 대통령이었지만, 실수가 발생하면 즉각 주변에 지혜를 구하는 용기를 보여줬다." 케네디는 일단 자신이 오판했다고 판단하자, 기존의 스탠스와 확 다른 기업 친화적인 제스처로 이해 당사자들의 환심을 샀다. "대통령이 아닌 기업단체장의 연설 같다"는 주변의 야유에도 아랑곳없이 그는 대대적 감세안을 발표해 주가를 단숨에 반등시킨다.

케네디 케이스에서 알 수 있듯이 상대방의 심정을 공감하는데 실수를 했다면 분노가 풀릴 수 있게 확실히 조치해 주는 것이 중요하다.

상대의 마음을 역이용하라

협상의 두 번째 원칙은 "이기고 싶어하는 상대방의 마음을 역이용하라"이다. 상대방의 심리를 무조건 꺾는 것이 능사는 아니다. "남자가 흘리지 말아야 할 것은…"은 남자 화장실에 단골로 쓰여 있는 문구. 하지만 끊임없이 설득하고 계몽해도 남자 화장실은 지저분하기 짝이 없다. 하지만 네덜란드의 스키폴 공항은 별다른 노력 없이 화장실 사용자들의 '조준력'을 극대화시켰다. 비결은 소변기에 그려진 검은색 파리 그림이었다. 은연중에 파리를 겨냥하려는 심리를 이용해 공항 측은 손쉽게 청결 문제를 해결했다.

유능한 자동차 판매원들은 2000만원짜리를 팔 생각이면 3000만원짜리를 우선 고객에게 보여준다. 찻값이 상대적으로 싸다는 느낌을 주기 때문이다. 하지만 옵션 판매 방법은 정반대다. 이들은 옵션을 뺀 기본 모델 가격만 먼저 언급한다. 2000만원짜리 살 사람이 몇 백만원 때문에 고민하지 않으리란 판단이 뒤를 받치고 있다.

이제 세 번째 법칙이다. 협상에선 기업제압이 무엇보다 중요하다. 〈협상의 천재가 되는 마법의 법칙〉은 이를 '처음 4분 법칙'이라고 명명한다. 이 책은 물건값을 흥정하거나 직장 동료와 함께 점심 메뉴를 고를 때 등, 비록 의식하지 못한다 하더라도 우리네 삶은 협상으로 둘러싸여 있다면서 "상대와 만났을 때 처음 4분 동안 상대를 어떻게 사로잡느냐에 협상의 성과가 달려 있다"고 단언한다. 대부분의 사람들이 이 4분 동안에 상대에 대해 평가를 내린다는 것이다. 그러므로 초반 짧은 시간에 모든 신경 세포들을 집중시켜서 상대를 사로잡는 테크닉을 익혀야 한다.

그러려면 잘 들어야 한다

판타지 사극이란 포맷으로 인기를 끄는 TV 드라마에서 재미있는 대사를 접했다. 왕이 어전회의에서 신하들에게 묻는다. "해마다 때가 되면 북쪽 부족들이 국경을 침범해오는 이유를 아시오?" 그러자 신하들은 "그걸 알아 뭐합니까. 오는 족족 쳐부수면 되지요"라며 뒷짐을 진다. "복수의 씨를 뿌리면서 이기면 무얼 하오. 그들의 침략은 뭔가가 필요하기 때문인데…." 답답한 듯 잠시 뜸을 들인 왕은 중개무역이란 상생의 해법을 제시하며 이렇게 말한다. "제발 무작정 싸우려고만 말고, 그들의 말을 들어보세요."

남의 말을 듣지 않으려는 풍조는 예나 지금이나 마찬가지다. 귀보다 입이 빠르고, 악수보다 무기가 앞서는 세상이 이어지고 있다. 최첨단의 현대 의학도 어쩌지 못하는 불치병 암癌, 이 병의 한자를 풀이해 보면 "입이 세 개나 필요할 정도로 하고 싶은 말이 많은데 그걸 산에 가두어놓고 막아버렸다"가 된다. 무릇 생명체는 내면의 스트레스와 의사소통의 문제를 해소하지 못할 때 치명적인 병에 걸릴 수밖에 없다. 그래서인지 사람들은 틈만 나면 자기 스트레스를 입 밖으로 토해낸다.

하지만 심신의 고른 건강을 원한다면 입보다 귀를 잘 활용해야 한다. 〈경청〉이란 책은 '들을 청聽'의 의미를 재미나게 풀어준다. 듣기란 왕 같은 존귀한 귀를 갖는 것을 뜻하는데, 이는 열 개의 눈(마음의 눈)과 하나의 마음을 소유한다는 의미도 내포한다. "나를 위해 경청하면 발견을 할 수 있고, 우리를 위해 경청하면 공감할 수 있으며, 모두를 위해 경청하면 상생할 수 있다." 언뜻 한가한 담론 같지만 자기 PR만 난무하는 세상을 배경으로 놓고 보면 흑백의 대비처럼 메시지가 선명하다.

협상의 핵심은 신뢰주기

협상은 돈과 권력이 개입되는 비즈니스 세계에 국한되는 것 같지만, 실상 우리가 살아가는 모든 게 협상이다. 〈한국인은 왜 항상 협상에서 지는가〉라는 책은 "이성 친구가 없는 싱글들은 어쩌면 협상술의 부재를 탓해야 할지도 모른다"고 콕 집어 말한다. 협상은 돈을 넘어서 인간의 원초적인 연애감정까지 아우른다. 상호의존적 상황에 놓인 협상의 양측이 서로 자신의 뜻을 상대방에게 관철시키려 한다는 점에 있어 주제의 딱딱하고 부드러움은 차이를 보일 수 없다는 게 이 책의 설명이다. 협상 서적에 단골로 나오는 게임이론을 한번 보자.

A와 B 두 사람의 범죄혐의자가 동시에 심문을 받고 있다고 가정해본다. 두 사람 모두 혐의사실을 부인하면 1년의 형만 선고받지만, 자백할 경우에는 8년씩의 옥살이를 감수해야 한다. 만일 A나 B 중 한 사람만 자백하면, 자백한 사람은 풀려나지만 부인한 쪽은 15년의 철장 신세가 불가피하다. 이때 A든 B든 개인의 입장에서는 최선의 선택이 어렵지 않게 도출된다. 미리 두 사람이 위와 같은 조건을 알고 입을 맞출 수 있다면 "눈 딱 감고 1년씩 버티다 나가자"는 합의를 볼 수 있고, 그것이 두 사람 모두에게 가장 좋은 결과를 가져올 것이다. 하지만 현실적으로 그들은 부인이 아닌 자백을 선택할 수밖에 없다. "만약 내가 부인하며 버텼는데 혹시 상대방이 자백하게 되면 나는 15년, 그는 방면…." 이런 생각을 무시할 수 없는데 세상 어떤 강심장이 검사 앞에서 범행 사실을 부인할

수 있겠는가.

협상술을 다루는 책들을 보면, 우리네 인생사를 관통하고 있는 딜레마의 대부분이 배신의 유인 때문에 발생한다. 협상에 임하는 사람들은 상대방이 고무신을 거꾸로 신을지도 모른다는 우려를 불식시키지 않고서는 성공적인 협상을 이끌어낼 수 없다. 이렇게 원인을 규명하고 나면 처방전의 작성도 간단하다. 자신이 생각하는 것이 옳다는 믿음을 상대방에게 줄 수 있다면 배신의 유혹으로부터 자유로울 수 있다.

이렇게 되면 협상의 핵심으로서 신뢰주기가 지니는 가치를 인정하는 일은 어렵지 않다. 영화 〈죽은 시인의 사회〉에서 키딩 선생은 이런 명언을 남겼다. "말을 왜 배우는지 아니? 그것은 여자를 꾀기 위해서야." 신뢰를 바탕으로 삼는 모든 언어관계(협상관계)는 연애라는 지극히 원초적인 감정과 맥이 닿아 있다. 태어나서 한 번쯤 이성에 대한 구애의 경험을 가지지 않은 성인이 없을진대 스스로의 경험에만 비춰 봐도 수긍이 갈 것이다.

마지막으로 한 가지만 더 언급한다. 협상이 신뢰주기라면 굳이 말이 없어도 가능할 것이다. 오우삼 감독의 영화 〈적벽대전 : 거대한 전쟁의 시작〉을 보면 소설의 내용을 살짝 비튼 특이한 장면이 나온다. 삼국지 최고의 전쟁 장면인 적벽대전을 성사시키기 위해 제갈량은 주유와 '거문고 협상'을 벌인다. "전쟁에 동참해 주시오." "우리가 왜 참여해야 하오?" "조조(위나라)는 오에는 큰 적이오." "그럼, 그리하겠소." 삼국지 최고 지략가 간의 피말리는 협상이 말 한마디 없는 거문고 연주를 통해 이어진다.

인생이란, 말 한마디 못하는 아기 때부터 협상의 무대에 데뷔하는 것이다. 한 집에 사는 식구들과, 학교 가면 가족처럼 붙어 다니는 친구들과, 죽고 못 살 듯이 틈만 나면 만나는 애인과 쉴 새 없이 협상하며 사는 게 삶이다. 앞서 살펴봤듯이 협상의 세계에서 큰 목소리는 별로 위력을 발휘하지 못한다. 목소리가 아닌 신뢰를 줘야 한다. 손바닥질에서 출발하는 모든 협상 세계의 기본은 믿음이다.

16

제목도 인생도 스토리텔링

정주영 회장은 과거 500원짜리 지폐 한 장 들고 조선소 설립자금을 해외에서 유치한 적이 있다. 정 회장은 1970년대 국내에서 돈을 융통할 곳이 없자, 영국으로 날아가 다짜고짜 버클레이 은행의 부총재를 만났고, 그 자리에서 거북선이 그려진 500원짜리 지폐를 보여주었다. "우리는 영국보다 300년 앞선 1500년대에 이미 철갑선을 만들었다"라는 자신에 찬 말로 한국의 조선 기술과 현대조선의 비전을 확신시켰다. 정 회장이 실적 통계 등 자료만 가지고 설득하려고 했다면 외자 유치에 아마 실패했을 것이다. 그러나 강력한 스토리를 가미하여 상대의 마음을 움직였다. 이렇듯 양질의 데이터가 의미를 가지려면 먼저 감성을 자극할 수 있는 스토리를 입혀야 한다.

정주영 회장 얘기가 나왔으니 떠오르는 신문지면이 있다. 작년에

〈정의선 "해보죠" 4년 만에 세계 3위… '손자'병법 안엔 '할아버지'가 있다〉란 제목을 뽑은 적이 있다. 미래 모빌리티에 과감히 도전하는 정의선 현대차 그룹 회장의 리더십을 탐구하는 기사가 세계적으로 유명한 병법서와 무슨 관련이 있겠는가. 앞에서 편집은 낯설게 만들기라는 얘기를 했었는데 스토리적인 관점에서도 낯선 것들

을 엮어내는 것이 큰 효과를 발휘하는 경우가 많다. 일단 기사의 내용을 한번 보자.

요즘 현대차가 글로벌 시장에서 질주하고 있다. 정의선 부회장이 취임한 뒤 세계 3위까지 그룹 순위를 끌어올렸다. 정 부회장이 달고 다니는 말이 "해보죠"라고 한다. 그런데 이 말은 할아버지인 고 정주영 회장의 "해봤어?"를 떠올리게 한다. 할아버지의 "해봤어?"가 저돌적인 도전을 의미한다면, 손자의 "해보죠"는 물불을 가려 선택적으로 목표를 정하는 '차분한 도전'의 뜻이 강하다.

당시 기사를 읽던 필자의 눈에 '손자'라는 키워드 하나가 떠올랐다.

익히 아는 손자병법의 전략들과 정의선의 '해보죠' 리더십 사이에 공통점이 있음을 발견할 수 있었다. 싸우지 않고도 이기는 법, 이미 이겨놓고 싸우는 법 등 손자병법의 내용이 '정주영 손자' 정의선의 전략에 묻어난다는 판단이 들었다. 할아버지의 "해봤어?"가 손자의 "해보죠"와 호응이 되는 것 같았다. 정의선의 리더십은 SWOT(강점·약점·기회·위협요소 분석)를 정확히 분석한 뒤에 나오는, 정주영 리더십의 업그레이드판이었다. 그래서 할아버지의 비전과 전략을 계승하지만 상황에 맞춰 자기화한 정의선의 '해보죠 리더십' 제목을 〈'손자'병법 안엔 '할아버지'가 있다〉로 했다. 제목으로 스토리를 엮어 '손자' 정의선을 '할아버지' 정주영과 이으면서, 동시에 '손자병법'의 손무와도 연관을 지은 것이다.

〈해질녘 우도 해변… 섬은 '썸'이 된다〉는 제목의 기사도 마찬가지이다. 우도 여행을 소개하는 여행면 기사는 "관광객이 북적이는 대낮에 우도에 가는 것은 여행 고수가 할 일이 아니다. 오후 늦게 섬에 당도해 저녁과 밤 시간을 즐길 때 진정한 우도를 맛볼 수 있다"고 강조한다. 제주도라는 섬 속의 섬으로 당일치기 코스로 이름이

난 우도는 사실 1박 2일로 즐겨야 제맛인 섬이다. 전복과 성게 등 바닷
것이 그득한 '해녀 섬'인 우도를 제대로 여행하는 법은 저녁과 밤의 바다
와 오롯이 마주해야 누릴 수 있다는 취재기자의 제안을 어떻게 하면 제
목으로 맛깔나게 표현할 수 있을까 고민 끝에 〈섬은 '썸'이 된다〉는 표현
을 썼다. 우도와 사랑에 빠진 여행객 혹은 우도에서 사랑에 빠지는 여행
객 스토리를 만들어 낼 수 있다고 판단했기 때문이다.

스토리텔링이 실력을 뽐낼 수 있는 무대는 신문지면 이외에도 무궁
무진하다. 세상엔 주목 한번 받아보겠다고 얼굴을 내미는 '신상'이 하루
에도 무수히도 쏟아지고 있지 않은가. 로또 당첨이 어렵다지만, 시장에
서 주목받는 신상품 내놓기도 못지않게 힘들다. 게다가 시장이란 곳은
연소자 우대 등의 특혜도 없다. 제 또래들과의 싸움에서 이긴 브랜드들
은 이내 기라성같은 기존 상품들과 혈전을 벌여야 한다. 미국의 신생 중
소기업 중 80%가 초기 5년 내에 실패를 맛보고, 해마다 나오는 브랜드
의 70%가 조기퇴장 당한다는 통계는 절대 과장이 아니다.

그렇다고 브랜드 론칭Launching을 전적으로 운에만 맡길 수는 없지
않나. 그래서 많은 기업들은 필요 이상의 돈을 효과도 검증되지 않은 광
고 매체에다 허비한다. 일종의 자기만족이다. 최소한 경쟁사보다 많은
돈을 들여 광고를 해야 안심이 된다는 심리 때문에 힘들여 번 돈을 구멍
뚫린 독에다 쏟아붓는다.

스토리가 좋으면 알아서 퍼진다

돈도 허비하지 않고 불안감도 줄일 수 있는 방법은 없을까. 해법은

스토리에 있다. 롤프 옌센이 주창한 '드림 소사이어티'에 빗대면 '스토리 소사이어티'이다. 이와 관련해 홍사종 미래상상연구소장이 쓴 〈이야기 가 세상을 바꾼다〉라는 책이 기억에 남는다. "21세기는 이야기를 생산하 는 상상력과 아이디어가 돈이고 권력이 되는 세상"이라고 외치고 있기 때문이다.

홍 소장은 덕수궁 뒤편 정동극장의 극장장이던 시절, 정오의 음악 감상회란 상품을 내놓았다. 클래식을 꼭 정장 차려입고 궁전을 연상시 키는 대공연장 찾아가서 점잖빼며 들을 필요는 없다. 커피 한 잔 손에 든 직장인들을 삼삼오오 끌어모으는 런치타임 클래식은 그야말로 대박이 었다. '스토리텔러' 홍 소장은 정동극장에서 주부 국악마당, 주문식 패키 지 문화상품 등을 기획했고, 세종문화회관으로 자리를 옮긴 후에는 분수 대 광장축제라는 빅 이벤트도 고안했다.

〈버즈, 어메이징 스토리〉란 책에 나오는 버즈 마케팅도 같은 맥락 이다. "광고홍수로 몸살을 앓는 현대사회에 통하는 광고수단은 따로 있 다. 꿀벌이 윙윙대듯 재미있는 이야깃거리만 준다면 소비자들은 기꺼이 다른 사람에게 그 이야기를 퍼뜨려 준다." 소비자의 입소문 효과에 주목 한다. 버즈 마케팅의 효과가 텔레비전이나 지면 광고보다 10배는 더 강 력하다는 통계를 제시하며, 그는 소비자와 미디어의 관심을 확 사로잡는 비법을 공개한다. 버즈 마케팅의 비밀병기는 3단계 프로세스로 구성돼 있다.

1. 금기, 독특, 엉뚱, 유쾌, 주목, 비밀 등 '버즈 버튼'의 활용법을 익혀라.

2. 전국적으로 화제가 될 만한 '사건'을 일으켜 미디어를 사로잡아라.

3. 일차적인 홍보가 됐다 싶으면, 우수한 제품으로 '버즈 선순환'을 유도하라.

스토리 마케팅의 실증사례는 다른 책에도 무궁무진하다. 김용길 동아일보 편집기자가 쓴 〈편집의 힘〉에는 미국 모터사이클 회사 할리데이비슨 이야기가 나온다. 할리데이비슨은 2기통 엔진에서 나오는 사운드에 서부개척시대에 황야를 달리던 말발굽 소리, 거친 숨을 내쉬는 남성의 심장 박동 소리의 이미지를 입혔다. 즉 미국의 '서부문화'를 판매하는 것이다. 스타벅스는 고급스럽고 지적인 공간, 클럽메드는 일상을 벗어나 자신을 재발견하는 여유로움, 기네스는 아일랜드 공동체의 경험을 팔고 있다. 세계적 경영 석학인 톰 피터스는 "할리데이비슨은 오토바이를 팔지 않고, 스타벅스는 커피를 팔지 않고, 클럽메드는 휴가를 팔지 않고, 기네스는 맥주를 팔지 않는다"고 간파했다.

퍼포먼스 캡처perfrmance capture 기술의 대가로 알려진 제임스 카메론 감독도 알고 보면 천재적인 스토리텔러다. 영화 〈아바타〉를 보면 가장 먼저 눈에 띄는 건 배우의 얼굴과 몸에 컴퓨터 센서를 부착해 표정과 동작은 디지털 영상이지만, 그 첨단 연출력은 사회적 메시지라는 스토리텔링과 융합돼 있기 때문에 더 큰 힘을 발휘한다. 그의 주요작품 중 하나인 SF액션 영화 〈터미네이터〉는 물질문명에 대한 비판을 담고 있고, 〈아바타〉는 환경파괴를 주제로 전 세계가 공감할 수 있는 이야기를 보여준다. 영화라는 장르에 기술, 환경, 철학, 인류학을 융합한 카메론 감독은 최첨단 기술과 인간적 감성을 완벽하게 조화시키는 연금술사라고 할 수 있다.

사실 차가운 두뇌, 혁신적 과학기술, 가상세계 등 스토리와 별 상관없는 단어들이 연상되는 디지털은 태생적으로 따뜻한 심장과 흥미로운 이야기를 품고 있다. 디지털은 아날로그 세상을 모태로 창조된 것이기 때문이다. 앞에서도 인용한 〈낭만 테크놀로지〉에 따르면, 디지털 혁명은 아날로그 세상의 물질을 디지털로 전환한 것에 다름 아니다. 디지털 혁명을 A2BAtom to Bit라고 하는 것도 그 이유에서다. 디지털로 전환된 아날로그 물질을 '디지털 트윈'이라 부르는데, 이것은 아날로그의 원자에서 전환된 디지털 비트로 구성되기 때문에 당연히 디지털 세계에는 아날로그의 감성이나 낭만이 존재할 수밖에 없다. 이어령 교수가 주창한 디지로그 개념은 디지털에 묻어있는 아날로그 감성을 가리키는 하나의 표현인 것이다.

이렇게 정리해 놓고 보면, 스마트폰으로 사진을 찍을 때 왜 굳이 찰칵 소리가 나게 해놨는지, 최첨단 자동차의 방향 지시등을 켤 때 운전자가 가장 듣기 좋아하는 소리가 나게 했는지 알 수 있다. 디지털 세상이 지금보다 더 발전하더라도 아날로그와의 접점을 찾는 디지로그적인 편집 행위는 계속될 것이란 전망이 가능하다. 〈티핑포인트〉와 〈블링크〉를 저술한 말콤 글래드웰Malcolm Gladwell은 이러한 편집 행위의 힘으로 스티브 잡스가 위대해졌다고 설명한다. 잡스의 천재성이 기술이나 디자인이 아니라 사람과 기술, 콘텐츠와 감성을 엮어낸 편집력에서 비롯됐다고 본 것이다.

이야기는 부富의 유전자

그런데 이런 천재적인 사람들이 아닌 우리도 스토리로 뜰 수 있을까. 우리가 아는 스토리라고는 어린 시절 화롯불 피워놓고 고구마 먹으며 듣던 할머니의 전래동화뿐이고, 말할 줄 아는 스토리라고는 고교 동창생과 시간 가는 줄 모르고 해대는 전화 수다뿐이며, 기억나는 스토리라고는 수업시간의 졸음을 단번에 날려주던 총각 선생님의 첫사랑 이야기뿐인데, 가능할까?

이런 생활 속 이야기가 개인과 기업의 부富의 유전자가 된다고 주장하는 책을 읽은 적이 있다. 정금애 방송 작가는 〈이야기를 세일즈 하세요〉를 통해 기술과 자본의 결합체인 실리콘밸리형 사회를 넘어 이야기와 자본이 만나는 할리우드형 사회가 이미 도래했다고 단언한다.

아닌 게 아니라 현대사회의 모든 획기적 기술은 누군가의 꿈의 열매다. 전 세계 컴퓨터 운영체계를 장악하고 싶어 한 빌 게이츠나 '직원과 고객의 행복'이란 목표가 뚜렷했던 남중수 전 KT 사장은 꿈이 기술혁신을 이뤄내고 그것이 상품화의 과정을 거쳐 대중들을 매료시킬 수 있음을 증명한다. 소비자들은 더 이상 상품 자체를 사지 않고 상품에 얽힌 이야기를 산다.

훌륭한 스토리에는 재미와 감동이 있다. 어릴 때 흔히 들었던 '개미와 베짱이', '토끼와 거북' 등의 동화는 어른이 되어도 또렷하게 기억할 수 있다. 수천 년도 전에 만들어진 이솝 우화는 지금까지도 변함없는 교훈의 화수분이 돼준다.

옛날이야기의 추억은 우리의 마음을 젊게 만든다. '옷은 새 옷이 좋고 친구는 오랜 친구가 좋다'라는 속담처럼 옛날이야기는 옛 친구들의 단란했던 모습들을 떠올리게 한다. 또 따뜻한 방바닥에 앉아 이불 덮고 듣던 어머니와 할머니의 옛날이야기는 아이들의 정서를 맑게 해준다. 어릴 적 들은 이야기는 하나같이 '착하게 살면 잘 살게 된다'는 내용이었다. 그런데 돌아보면 현실 또한 그 이야기 그대로이다. 직장이나 사회에서 순간적인 거짓으로 자기의 위험을 모면할 수는 있지만, 지속적인 거짓은 모든 사람의 마음을 황폐하게 만든다. 공자는 "온고이지신溫故而知新 가이위사의可以爲師矣"라고 했다. "과거를 배우고 옛 지식을 익히면 새로운 깨달음을 체득할 수 있으니 가히 스승이 될 수 있다"는 말이다.

옛날이야기들은 미래를 향해 달려가게 하는 밑거름이 된다. 과거의 영광에만 젖어 지내는 것이 아니라면 옛날이야기는 멋진 미래의 꿈이 있는 삶이 되는 것이며, 젊음을 생각하게 하여 새로운 기운을 솟아나게 하는 것이다. 화롯불 쬐며 듣던 이야기의 끝자락엔 늘 "옛날이야기 좋아하면 가난하게 산다"는 할머니의 경고가 있었다. 하지만 이젠 말 그대로 '옛날이야기'일 뿐이다.

〈어떤 거짓말은 '지옥문'도 연다… 그걸 보여준 푸틴〉이란 제목을 단 적이 있다. 러시아군의 공격을 처음 받은 우크라이나의 마리우폴 이야기를 담은 다큐멘터리 제목이었다. 우크라이나를 침공하며 "민간인에 대한 공격은 없을 것"이라고 했던 푸틴 러시아 대통령의 말과 달리, 러시아군의 군화와 포탄에 짓밟힌 우크라이나 항구도시 마리우폴의 참상은 처참했다.

마리우폴에서의 20일'에는 러시아군의 포탄이 주거지역 아파트에 병원 등을 덮친 장면이 나온다. 러시아 폭격 이후도 마리우폴에 남아있던 AP통신 소속 기자들이 전쟁범죄로 신음하는 우크라이나 참상을 기록했다. [사진 스튜디오 다에서알]

어떤 거짓말은 '지옥 문'도 연다 ⋯ 그걸 보여준 푸틴

2022년 블라디미르 푸틴 러시아 대통령은 우크라이나를 침공하며 "민간인에 대한 공격은 없을 것"이라 했지만, 사실이 아니었다. 그해 2월 24일, 러시아가 인접한 우크라이나 항구도시 마리우폴을 덮쳤을 당시 러시아군 포탄은 민간인 주택가에 날아들었다. 엄마 품에 안겨가던 두 살 피 흘리던 18개월 아기, 축구를 하다 포격에 다리가 나가간 16살 소년 모두 당일 숨졌다. 폭격당한 산부인과 병동의 임산부는 골반에 파편상을 입고 태아와 함께 세상을 떠났다.

전 세계 언론 가운데 러시아의 침공 이후에도 마리우폴을 유일하게 남았던 AP통신 기자들이 3월 15일 탈출 때까지 20일간 카메라에 담은 참상이다.

6일 개봉하는 다큐멘터리 '마리우폴에서의 20일'이 당시 기록을 94분에 압축한 작품. AP통신 영상기자인 우크라이나 므스티슬라우 체르노우 감독이 죽음의 공포 속에서 영상을 촬영했고, 내레이션·각본도 직접 겸했다. 그는 전쟁 범죄 참상을 세상에 알린 공로로 회사 동료들과 함께 지난해 퓰리처상 공공보도상, 올해 아카데미 장편 다큐멘

'두 얼굴 푸틴' 폭로한 다큐 개봉
러 "민간인 공격 없다" 우크라 침공
AP '마리우폴 20일'로 거짓 드러나
러군 탱크, 병원·학교 등 무차별 폭격
배속 아기 죽었는데 ⋯ 러 '가짜뉴스'

터리상, 선댄스영화제 관객상(월드시네마 다큐멘터리 부문) 등 세계 영화제 33관왕에 올랐다.

"전쟁은 폭발이 아니라 침묵으로 시작된다"는 담담한 1인칭 내레이션으로 시작되는 이 다큐는 첫날 장면부터 긴박감이 가득하다. 취재진이 전쟁 입국 소식을 듣고 찾은 마리우폴에는 종잇장처럼 구겨진 자동차, 불타는 주택가 등 포격 흔적이 가득했다. 어린 딸을 둔 르노우 감독은 자신을 믿고 울부짖는 부모, 집을 잃은 가족을 외면하지 못한다. 촬영 도중 포격을 피하고 눈물을 훔치나 카메라가 흔들리던 화면도 많다. 하다. 마리우폴 시내로 진군한 러시아군 탱크는 병원과 소방서, 학교도 무차별 포격한다. 시신은 무더기로 도시 외곽 구덩이에 던져졌고, 이름 없이 숫자만 적힌 집단 무덤이 생겨났다. 도시 전체가 물·전기가 끊긴 인터넷이 끊긴다.

침공 초기 "별 봐나" "꺼져" 기레기야"라고 욕설하던 시민은 점차 다른 도시의 가족에게 자신의 생존을 전해달라고 다가간다. 명연자와 의사는 "방송 놈의 푸틴에게 이 죽은 아이 눈을 똑똑히

체르노우 감독이 러시아군 침공 초기 인접 항구 도시 마리우폴에서 만난 우크라이나 소녀. 재차 살해 숨진 아이를 "죽고 싶지 않다"고 말했다.

히 보여주라" 눈물을 떨군다. 위성전화로 간신히 전송한 이런 고통과 절규가 보도되자 러시아 정부는 "서구 언론이 배우들을 써서 거짓 영상을 찍었다"고 매도한다. 마리우폴의 경험이 AP통신 기자들 말을 묶는 몹쓸 도운 편.

이들이 러시아군에 불잡혔을 경우 "연간 이런 공개 영상이 거짓이라고 말해서 강요당할 것 우려했기 때문이었다. 30시간 분량의 취재 영상을 담은 하드디스크 등을 자동차 좌석 아래 생리대 등에 감춰러시아 검열이 검문소를 가까스로 통과했다.

'마리우폴 시민들에 대한 증거'(슬픔 트레이건), "이 영화를 모든 저널리즘 클래스에 가르쳐야 한다"(영국 타임스) 등 호평이 쏟아졌고, 로튼토마토 신선도 100%를 받았다.

올 3월 아카데미 시상식에서 체르노우 감독은 "이 영화를 만들 일이 없었다면 좋았을 것"이라며 "수상 영광을 러시아가 우크라이나인 수만 명을 죽이지 않은 세상, 조국과 시민을 지키다 감옥에 갇힌 언론인과 민간이 풀려나는 세상과 맞바꾸고 싶다"고 수상 소감을 밝혔다.

했다. 그 대부에서 그는 딸들을 직전에 신부 인과 폭격 당시 만삭 배를 잃은 임산부의 출산 현장을 찾는다. 작가는 이렇게 잘려 태어나기도 한창 자나 울음을 더 뜨린다. 포탄 소리는 것들을 뒤흔들 면 큼 가깝게 들려온다.

마리우폴은 침공 80일 만인 2022년 5월 러시아에 함락됐다. 지난해 11월 체르노우 감독은 다큐 제작에 참여한 PBS와의 인터뷰에서 "마리우폴 주택가 90%가 러시아 포격으로 손상·파괴됐고, 점령 후 러시아 아들이 도시 재건으로 돈을 벌고 있다"고 꼬집었다. "남은 아이들은 우크라이나 정체성을 빼앗긴 채 러시아 정부가 해석한 역사를 배운다. 고아가 된 아이들은 러시아에 강제 입양됐으며, 많은 사람이 이에 맞서고 있다"고 덧붙였다. 그는 미국 매체 버라이어티를 통해 "모든 참상이 러시아가 2013년 우크라이나를 처음 침공했을 때 시작됐다"고 밝혔다.

국내에선 지난해 우크라이나와 전쟁을 담은 다큐들과 함께 DMZ국제다큐멘터리영화제에서 공개됐다. 15세 관람가.

나원정 기자 na.wonjeong@joongang.co.kr

이 다큐멘터리가 주는 메시지를 신문 독자들에게 어떻게 전하면 될까. 러시아군의 탱크가 마리우폴의 병원과 학교 등을 무차별 폭격했고, 자식을 잃고 울부짖는 부모와 무더기로 도시 외곽 구덩이에 던져진 시신으로 도시 전체가 눈물바다가 됐다는 다큐 내용을 타이핑해서 전하면 되는 것일까. 그것보다는 더 나가야 한다는 판단이 들었다. 이런 기사는 감정을 제목에 실어 스토리화 해야 공분을 더 자아낼 수 있다. 아직도 끝나지 않은 우크라이나 전쟁에 슬퍼하면서, 우크라이나 군대만 상대하겠다는 푸틴의 말이 거짓이었음을, 그래서 그 거짓말이 어떠한 생지옥을 낳

있는지를 제목으로 극명하게 보여주고 싶었다.

문화일보에서 접한 〈설렘의 차이 29cm, 여심 눈높이 맞췄다〉 역시 제목으로 스토리를 풍성하게 만든 사례이다. 여성 시청자들의 애간장을 녹이는 드라마 속 '키다리 아저씨'를 신문에서는 어떻게 묘사할 수 있을까. "키 차이가 현격한 남녀가 등장한 후, 내려다보는 남성과 올려다보는 여성이 시선을 교환하는 '키 차이 챌린지'가 요즘 유행하고 있다"는 기사에 '설렘의 차이 29cm', '여심 눈높이 맞췄다'는 표현을 동원해 편집기자

Culture & Life

189㎝

설렘의 차이 29cm

여심 눈높이 맞췄다

160㎝

(맨 왼쪽 사진부터) 남녀 주인공의 두드러진 키 차이로 대중의 화제를 모았던 KBS 2TV '웰컴 2 라이프', tvN '도깨비', 영화 '녹의의 유혹'.

'선재 업고 뛰어'서도 통한 '키다리 아저씨' 흥행 법칙

'키 차이 챌린지', MZ세대가 즐겨 쓰는 SNS 플랫폼 틱톡 등에서 요즘 유행하는 놀이 중 하나다. 키 차이가 현격한 남녀가 등장한 후, 내려다보는 남성과 올려다보는 여성이 시선을 교환하는 사례다.

'신체적 차이, 남녀가 끌리는 요소'

'키 비교 영상' 맞세운다 2000만뷰

는 훌륭한 스토리텔링 제목을 완성시켰다.

다니엘 핑크는 〈새로운 미래가 온다〉를 통해 하이터치의 미래 인재가 가져야 할 여섯 가지 조건을 얘기했는데 디자인, 조화, 공감, 놀이, 의미와 함께 꼽은 조건이 바로 이야기였다. 좌뇌 중심의 정보화 시대에서 우뇌 중심의 하이콘셉트 시대로 바뀌면서 예술적이고 감성적인 아름다움을 창조하는 능력과 함께 트렌드와 기회를 감지하고 훌륭한 스토리를 만들어내는 능력이 중요해졌다. 정보화 시대의 팩트를 이야기로 만들고, 흩어진 조각들을 모아 하나의 패턴을 잡아내며, 다른 사람의 심장으로 느끼고, 게임과 유머에 능한 자세로 물질보다는 행복을 추구해야 한다고 말한다. 모든 세상이 0과 1의 비트 속으로 빨려 들어가는 것 같은데, 의외로 공감과 유머의 스토리텔링의 가치가 점점 더 빛을 발하는 것이다.

책을 마치며, 제목 뽑기 문제 하나 내보겠다. 1742년(임술년)에 겸재 정선이 그린 연강임술첩(본인 소장본)이 최근에 공개가 됐다. 임진강을 뜻하는 연강에서 당시 양천현령이었던 66세 정선이 뱃놀이를 즐긴 상황을 그림에 담았다. 그림을 들여다보면, 배를 타고 출발해서 목적지에 당도하는 부분까지 전체적으로 묘사돼 있다. 전문가들은 "필세가 굳세고 먹의 농담 변화가 강하다. 나룻배를 기다리는 사람, 횃불을 밝혀 든 사람 등의 묘사도 자세해 거칠되 현장감이 강하다"는 평을 내놨다. 자, 이런 골자의 기사를 연강임술첩 그림과 함께 내놓으며 제목을 뽑아야 한다. 그림의 내용을 묘사할 것인가, 작품이 탄생한 시기 상황을 정리해서 보여줄 것인가. 그도 아니면 겸재가 소장한 그림이 공개됐다는 기본적인 스트레이트 내용만 전달할 것인가. 조금만 더 상상하고 스토리를 꾸며 보면 누구든 충분히 꽤나 그럴싸한 결과물을 만들어낼 수 있다. 이런 건 어떤가. 〈붓을 주오, 임진강 저어가리다… 66세 겸재의 뱃놀이〉.

붓을 주오, 임진강 저어가리다… 66세 겸재의 뱃놀이

겸재 정선의 '연강임술첩' 중 ■ '웅연계람', 밤놀이 하는 이들과 배를 들고 나온 사람들을 자세하게 묘사했다. 아래는 추사 김정희의 대련 ■ 대팽고회맛있는 요리와 좋은 모임? [사진 ○○]

임술년(1742) 10월 보름, 연천현감 신주백과 함께 관찰사 홍(경보)공을 모시고 우화정 아래에서 노닐었으니, 이는 소동파의 고사를 따른 것이다. 신주백이 관찰사의 명을 받아 부(賦)·문장을 짓고 나누고 그림으로 이어서 각각 집에 한 본씩 소장했다, 이들 '연강임술첩(漣江壬戌帖)'이라 이른다.

행서 발문 말미 '양천현령 정선 씀'이라 적혔다, 66세 겸재 정선(1676~1759)이 소동파의 고사처럼 임진강의 적벽에서 뱃놀이하며 그리고 쓴 화첩이다. 표지와 발문, 우화등선(羽化登…)·우화정에서 배를 내리고), '웅연계람(熊淵繫…)·웅연에 닻을 내리고)' 두 점의 그림으로 이뤄졌다. 연강은 경기 연천군을 지나는 임진강을 말한다. 신년 우화정에서 배 타고 흘렀으며 웅연에 도착해 닻 내리는 장면을 담았다. 신녕과 웅연은 경기 연천·철원 일부 지역에서 옛 이름으로 지금은 찾는 곳이 어렵다.

겸재는 행서 한 첩씩 나뉘 가졌다고 적혔는데, 홍경보 소장본 한 벌만 전해 오다가 14년 전 겸재 소장본의 존재가 알려졌다. 바로 이 '연강임술첩' 겸재 소장본이 전시에 나왔다. 서울 영원갤러리에서 S2A에서 열리는 '임(壬)' 묵(墨)4세계, 천년의 명기작 거장'전에다, 기획에 참여한 유홍준 명지대 석좌교수는 '이 화첩이 대어가 경재된 순간 전시를 꾸몄다'며 '임진강 풍경을 장대한 파노라마 시선으로 펼쳐 그린 진경산수화로 확제 대하기 강렬하고 특유의 부채감이 감돈다'고 평했다.

'연강임술첩' 겸재 소장본 전시

필세 굳고 농담 변화 큰 진경산수화

유홍준, 대어 결정되자 바로 전시에

세 벌 중 다른 벌은 4월에 출품 나머지 한 벌은 행방 묘연한 상태

[...소장본 내용 세부...]

권근영 기자 young@joongang.co.kr

책을 마치며

생성 AI를 잘 가르치면 '또 하나의 나'를 보유하는 세상이 됐다는 말
에 한 동료 편집기자가 해준 말이 기억에 남는다. "나 같은 편집기자는
나 하나로 족합니다. 대신 다른 편집기자를 닮은 AI를 갖고 싶습니다."
이 대답을 들은 것은 한국편집기자협회가 한국편집상 수상자들을 대상
으로 진행한 좌담회 자리였는데, 빼어난 편집 실력을 가진 편집기자 역
시 다른 빼어난 편집기술을 추가로 가지고 싶다는 뜻을 밝힌 것이다.

생각해 보면 충분히 이해가 가는 상황이다. 이 책의 본론에서 강조
했듯이 편집엔 정답이 없기 때문이다. 인생군상의 모습들이 다양하듯
편집의 세계도 누가 어떻게 재단하느냐에 따라 천 가지, 만 가지 빛깔을
드러낼 수 있다. 한국편집상 수상자의 답변에는 '내 스타일과 다른 편집
노하우를 익힌 AI의 도움을 받는다면, 내 편집이 좀 더 업그레이드될 수
있겠다'는 소망이 담겼다고 볼 수 있다.

필자는 이 책을 통해 인생을 풍성하게 살찌울 수 있는 편집의 힘을 보여주고 싶었다. 정답은 없지만 25년간 연마한 편집 스킬이 지면과 온라인 기사의 세계, 그리고 삶의 여러 필드에서 어떤 역할을 할 수 있는지를 증명하려고 노력했다. 구체적으로는 이런 목표를 잡았다.

1장에서는 무섭게 우리 사회를 잠식해 가는 AI와 편집의 유사성을 파헤쳤다. AI의 위력을 제대로 파악하려면 AI의 작동원리인 편집을 제대로 숙지해야 함을 꼭 알리고 싶었다.

2장에서는 '편집이 무엇인지' 정의를 들여다봤다. 편집은 행간과 맥락을 읽는 눈을 키워주는 생각의 기술이라고 할 수 있다. 편집이란 단순한 정리가 아니라, 더 이상 뺄 게 없는 수준까지 빼는 사고의 다이어트이다. 그렇게 몸을 가볍게 한 뒤 모방과 연상, 연결로 시너지를 도모하는 것이 바로 편집이다. 그래서 하나를 보면 열을 아는 능력이 천재들만 가질 수 있는 특권이 아니라, 편집을 배우면 누구든 할 수 있는 것이라는 내용도 다뤘다.

3장을 읽으면 편집에 정답이 없다는 사실을 알게 된다. 정답이 없다는 건 개개인에 따라 무한한 개인화 즉 맞춤 편집이 가능하다는 얘기이다. 편집을 야구에 빗댄다면 직구 편집, 변화구 편집 등으로 다양한 변주를 할 수 있다. 편집을 보다 편하게 하기 위해서는 콘셉트를 잘 잡아야 한다. 필자는 편집기자와 함께 '카피'의 세계를 양분하고 있는 카피라이터의 일하는 방식을 소개하며 '제목 달인들'의 공통분모를 파헤쳤다.

4장에서는 분절화와 재구성(융합)으로 이어지는 편집의 원리를 좀 더 구체적으로 서술했다. 내용을 읽다 보면 사전적 의미가 아닌 편집적인 관점에서 콤비네이션과 퓨전, 그리고 컨버전이 어떻게 다른지 알 수 있다. 그리고 편집기자가 자주 사용하는 지적 아비트리지 기법에 대해서도 설명했다.

5장을 통해서는 좋은 편집의 출발점을 조명했다. 능숙한 편집자는 대상이 기사이든 인생사든 좋은 질문을 통해 편집의 실마리를 찾아간다. 질문을 잘하려면 사물을 직관하는 능력을 갖춰야 한다. 이와 관련된 생생한 사례를 전하기 위해, 일반 시민과 편집기자가 편집적인 관점에서 질문하는 방법이 어떻게 다른지를 구체적인 데이터와 실험 결과를 통해 제시했다.

현대인은 늘 시간에 쫓긴다. 어떻게 보면 편집하는 행위에 드는 시간이 사치로 여겨질 정도로 세상의 흐름이 급박하다. 6장에서는 분주한 일상을 어떻게 편집이란 잣대로 재단할 수 있을지 모색해 봤다. 편집기자 중에서도 특히 '오늘 이 순간'과 사투를 벌이는 것으로 유명한 석간신문 편집기자들의 전략을 소개했다.

7장에선 1장에서 들여다본 'AI와 편집'의 관계를 좀 더 파헤쳤다. AI 기술은 잠시 뒤로 밀렸던 정리의 시대를 화려하게 부활시키고 있다. 많은 사람이 AI 시대에 대한 모종의 두려움을 품기도 하는데, 그런 측면에서 이 책에 나온 'AI를 이기는 비결'이 신기술에 대한 인간의 자신감을 회복시키는 데 일정한 기여를 할 것으로 기대한다.

생각을 바꾸면 답이 보인다는 얘기를 많이들 한다. 8장에서는 남들과 차별화할 수 있는 생각의 기술을 차분하게 설명했다. 신문 편집을 전혀 해본 적이 없는 시대의 석학 두 분의 사례를 들며 통찰력 있는 편집의 요소를 따져봤다. 통찰력이란 게 알고 보면 인내의 산물이란 사실도 여러 증거 사례를 통해 제시했다.

9장은 남다른 생각법의 확장판이다. 어떻게 하면 조금 다른 생각을 차원이 다른 생각으로 키워낼 수 있을지 모색했다. 전체를 보지 못하면 핵심을 놓치기 일쑤다. '4차원 DNA'의 대표 격으로 광개토 태왕을 소개했다.

10장에서는 편집의 품질에 큰 영향을 주는 운에 대해 분석했다. 편집기자인 필자는 뜻밖의 상황과 뜻밖의 장소에서 유레카를 외친 경험이 많다. 이런 행운은 우연의 산물일까. 운이 작용할 수 있는 여건을 미리 만들어 둔다는 게 가능할까. 다양한 이론적 배경과 통계를 동원해 세렌디피티 편집의 가능성을 타진했다.

11장은 집단적 편집의 힘이 주제다. 역사를 보면 창조적인 결과물은 집단적 편집의 힘이 강하게 작용할 때 도출된 경우가 많았다. 이른바 호모 심비우스의 신비다. 이 장을 통해 시너지와는 결이 다른 세너지의 세계도 파헤쳤다.

12장과 13장에서는 편집의 흐름을 짚었다. 삶이 의도치 않은 방향으로 흘러갈 때 편집은 어떤 자세를 취해야 할까. 가끔은 인생의 띄어쓰기도 해야 하는데 구체적으로 어떤 전략을 써야 할까. 세계적인 미래학자 앨빈 토플러가 강조한 시간의 탈동시화를 편집적인 관점에서 분석했다.

14장의 주제는 '문제와 문제점'이다. 마냥 똑같은 것 같은 아기의 울음소리도 자세히 들어보면 세 가지 종류가 있다는 것을 필자는 아들을 키우며 배웠다. 편집자로서 문제를 해결하려면 문제의 핵심 지점인 문제점을 정확히 짚어내야 한다. 문제점을 잘 찾아낸 역사적인 인물로 이스라엘의 다윗 왕 얘기도 소개했다.

15장은 당근이냐 채찍이냐를 선택해야 할 순간에 관한 내용이었다. 편집은 기본적으로 선택의 속성을 갖고 있다. 호모 심비우스에겐 제로섬을 넘어 시너지를 내는 편집적 협상술이 필요하다. 손가락질보다 손바닥질이 중요함을 자세하게 설명했다.

마지막 16장은 스토리텔링의 위력을 소개했다. 모든 이야기는 미래를 향해 나아가게 하는 밑거름이 돼 준다. 기사에 스토리를 입힌 제목은 신문 지면을 춤추게 한다. 다니엘 핑크가 말한 하이터치의 미래 인재를 소개하며 스토리 편집의 위력을 다시 한번 강조했다.

책을 쓰는데 한국편집기자협회보 경험이 큰 도움을 주었다. 협회보를 만들며 했던 고민과 토론, 만났던 사람들이 책에 고스란히 녹아 들어 있다. 이런 측면에서 지난해부터 협회보 편집국장직을 필자에게 맡겨준 김창환 한국편집기자협회장과 협회보 편집팀 식구들에게 감사의 마음을 전한다.

또한 이 책에는 중앙일보 경제섹션의 많은 지면이 소개돼 있다. 1년 넘게 경제섹션 편집을 담당하면서 마주한 다양한 편집 경험이 있었기에 책의 뼈와 살을 쉽게 채울 수 있었다. 필자를 경제섹션 담당자로 배정해준 장동환 중앙일보 편집부국장과 노승옥 편집부장, 그리고 중앙일보 편집 선후배들에게도 마음에서 우러난 감사를 드린다.

더불어, 책을 쓴다고 퇴근만 하면 책상에 앉는 필자를 이해해준 넉

넉한 마음의 아내와 늘 고맙고 대견한 친구 같은 아들에게 사랑한다고 말하고 싶다. 부족한 내용을 채워주고 깔끔한 편집으로 책을 빛내준 W미디어 편집부에도 고마운 마음을 전한다.

가장 중요한 감사가 남았다. 책을 기획하고 준비할 때부터 눈동자처럼 지켜주신 하나님께 모든 영광을 돌린다.

더 읽으면 좋은 자료들

1장

- 『강제혁신』 이주희, EBS BOOKS 2023
- 한국편집기자협회보 254호(https://www.edit.or.kr/news/articleView.html?idxno=10887)
- 한국편집기자협회보 258호(https://www.edit.or.kr/news/articleView.html?idxno=11042)

2장

- 『지의 편집공학』 마쓰오카 세이고, 박광순 역, 지식의숲 2006
- 『지식의 편집』 마쓰오카 세이고, 변은숙 역, 이학사 2004

3장

- 영화 『배터리』 천재적인 투수와 열정의 포수 간의 우정과 성장을 그린 타키타 요지로 감독 작품.
- 『머리를 9하라』 정철, 리더스북 2013
- 『비유와 상징으로 풀어보는 철학이야기』 윤은숙, 삼양미디어 2007

4장

- 『지의 편집공학』 마쓰오카 세이고, 박광순 역, 지식의숲 2006

5장

- 『미학 오디세이 1·2·3』 진중권, 휴머니스트 2014

6장

- 스티브 매퀸과 더스틴 호프먼이 출연한 영화 『빠삐용』 자유를 향한 위험한 질주를 그린 작품.
- 『내가 빛나는 순간』 파울로 코엘료, 박태옥 역, 자음과모음 2020
- 영화 『마이너리티 리포트』 스티븐 스필버그가 감독하고 톰 크루즈가 주연한 작품으로

범죄 예측을 통해 죄를 저지르지 않은 범죄자를 체포하는 내용을 담고 있음.

- 『절대로 바꿀 수 없는 다섯 가지』데이비드 리코, 김하락 역, 팬더노트 2008
- 『오리진』김상용·김성윤, 라온북 2013
- 『창의성이 없는 게 아니라 꺼내지 못하는 것입니다』김경일, 샘터 2019
- 영화 『쿵푸 팬더』풍쿠를 배운 자이언트 판다 포의 활약을 그린 애니메이션으로 현재까지 4번의 시리즈가 이어짐.
- 『대망 1~12』야마오카 소하치, 박재희 역, 동서문화사 2005

7장

- 한국편집기자협회보 251호(https://www.edit.or.kr/news/articleView.html?idxno=10809)
- 한국편집기자협회보 251호(https://www.edit.or.kr/news/articleView.html?idxno=10831)
- 『어른의 어휘력』유선경, 앤의서재 2021
- 『성공하는 사람들의 7가지 관찰습관』송숙희, 위즈덤하우스 2010
- 『마케팅 상상력』김민주, 리더스북 2006

8장

- 『에디톨로지』김정운, 21세기북스 2014
- 『총균쇠』제레드 다이아몬드, 강주헌 역, 김영사 2023

9장

- 『생각의 탄생』로버트 루트번스타인·미셸 루트번스타인, 박종성 역, 에코의서재 2007
- 『일을 했으면 성과를 내라』류랑도, 쌤앤파커스 2016
- 『프레임』최인철, 21세기북스 2024
- 『성공하는 30대의 리더십, 헬퍼십』권민, 고즈윈 2005
- 『생각의 지도를 넓혀라』윤명철, 마젤란 2007
- 드라마 『대장금』MBC에서 2003~2004년에 방영한 사극으로, 조선시대 궁녀 서장금이 의녀가 되기까지의 과정과 장금의 사랑과 성장을 그린 드라마이다. 최고시청률 57.8%를 기록했다.
- 『온몸으로 사고하라』유덕현, 피플트리 2013
- 『디자인 씽킹 바이블』로저 마틴, 현호영 역, 유엑스리뷰 2021

10장

- 『처칠을 읽는 40가지 방법』 그레첸 루빈, 고즈윈 2007
- 『한 권에 담은 경이로운 우주의 역사』 자크폴·장뤽 로베르 에질, 김희라 역, 북스힐 2022
- 『인간은 유전자를 어떻게 조종할 수 있을까』 페터 슈포르크, 유영미 역, 갈매나무 2013
- 『비즈니스는 갬블이다』 다니오카 이치로, 김정우 역, 영언문화사 2002
- 『뇌는 왜 내편이 아닌가』 이케가야 유지, 최려진 역, 위즈덤하우스 2013
- 『세렌디피티 코드』 크리스티안 부슈, 서명진 역, 비즈니스북스 2021

11장

- 『세너지』 정순원, 마젤란 2008
- 『경영 구루들의 살아있는 아이디어』 스튜어트 크레이너, 양영철 역, 평림 2002
- 『창조적 사고의 놀라운 역사』 슈테판 클라인, 유영미 역, 어크로스 2022
- 『나는 매일 만나고 싶은 사람이 된다』 혼다 나오유키, 정인해 역, 마젤란 2008

12장

- 『사하라 사막 횡단기』 윌리엄 랑게비쉐, 박미영 역, 크림슨 2008
- 『대한민국 인재사관학교』 신현만, 위즈덤하우스 2006
- 『위대한 기업, 로마에서 배운다』 김경준, 원앤원북스 2008
- 『경제를 살리려면 유태인 같은 장사꾼이 돼라』 성준용·위정범, 현문미디어 2005
- 『낭만 테크놀로지』 김대일, W미디어 2024
- 『절대로 바꿀 수 없는 다섯 가지』 데이비드 리코, 김하락 역, 팬더노트 2008

13장

- 『미야모토 무사시의 오륜서』 미야모토 무사시, 박화 역, 원앤원북스 2017
- 『젊음의 탄생』 이어령, 생각의나무 2009
- 『보보스는 파라다이스에 산다』 데이비드 브룩스, 김소희 역, 리더스북 2008
- 『앨빈 토플러 부의 미래』 하이디 토플러·앨빈 토플러, 김중웅 역, 청림출판 2022
- 『게임세대 회사를 점령하다』 존 벡, 이은선 역, 세종서적 2006
- 『지력혁명』 문용린, 비즈니스북스 2009

14장

- 『교실 밖의 경제학』 최남수, 새빛에듀넷 2010
- 영화 『브루스 올마이티』 일주일간 신이 된 브루스의 이야기를 유쾌하게 그린 작품이다.
- 『사람에게는 얼마만큼의 땅이 필요할까요?』 레프 톨스토이, 홍순미 역, 써네스트 2018
- 『찡한 이야기』 안홍철, ㈜머니투데이 2008
- 영화 『죠스』 1974년 나온 동명의 베스트셀러 소설을 기반으로 스티븐 스필버그 감독이 연출한 영화이다.
- 『클릭 모먼트』 프란스 요한슨, 신예경 역, 알키 2013

15장

- 『내 생애 단 한 번』 장영희, 샘터 2021
- 국민일보 [김종환의 해피하우스] 좋은 칭찬, 나쁜 칭찬
  (https://www.kmib.co.kr/article/view.asp?arcid=0006862158)
- 『현명한 사람의 논쟁법』 로버트 마이어, 이주현 역, 길벗 2006
- 『케네디 리더십』 존 바네스, 김명철 역, 마젤란 2006
- 『협상의 천재가 되는 마법의 법칙』 마쓰모토 유키오, 이윤희 역, 가야북스 2004
- 『경청』 조신영·박현찬, 위즈덤하우스 2007
- 『한국인은 왜 항상 협상에서 지는가』 김기홍, 굿인포메이션 2002
- 『죽은 시인의 사회』 N.H 클라인바움, 한은주 역, 서교출판사 2004
- 영화 『적벽대전 : 거대한 전쟁의 시작』 삼국지연의의 적벽대전을 소재로 만든 오우삼 감독의 작품.

16장

- 『이야기가 세상을 바꾼다』 홍사종, 새빛에듀넷 2009
- 『버즈, 어메이징 스토리』 마크 휴스, 구자룡 역, 책바치 2005
- 『편집의 힘』 김용길, 행성B잎새 2013
- 『낭만 테크놀로지』 김대일, W미디어 2024
- 『이야기를 세일즈 하세요』 정효신, 영림카디널 2005
- 『새로운 미래가 온다』 다니엘 핑크, 김명철 역, 한국경제신문사 2020